Blick vom Hauptkamm auf die Szrenica

Band 115

OUTDOORHANDBUCH

Tonia Körner

Tschechien:

Freundschaftsweg

DER WEG IST DAS ZIEL

Tschechien: Freundschaftsweg

Alle Informationen, schriftlich und zeichnerisch,
wurden nach bestem Wissen zusammengestellt und überprüft. Sie
waren korrekt zum Zeitpunkt der Recherche.
Eine Garantie für den Inhalt, z.B. die immerwährende Richtigkeit
von Preisen, Adressen, Telefon/Faxnummern
sowie Internet-Adressen, Zeit- und sonstigen Angaben
kann naturgemäß von Verlag und Autor, auch im Sinne der
Produkthaftung, nicht übernommen werden.

Der Autor und der Verlag sind für Lesertips und Verbesserungen
(besonders als E-Mail oder auf Diskette)
unter Angabe der Auflagen- und Seitennummer dankbar.

Leser, deren Einsendung verwertet wird,
werden in der nächsten Ausgabe genannt
und erhalten als Dank ein Exemplar der neuen Auflage
oder ein anderes Buch ihrer Wahl aus dem Programm des Verlags.

Updates Verlagsprogramm Schnäppchen
www.conrad-stein-verlag.de

Riesengebirgs-Rundtour

OutdoorHandbuch aus der Reihe Der Weg ist das Ziel, Band 115

ISBN 3-89392-515-5   1. Auflage 2003

® Outdoor, Basixx und Fremdsprech sind eingetragene Marken für Bücher des Conrad Stein Verlags

© Basiswissen für Draussen, Der Weg ist das Ziel und FernwehSchmöker sind urheberrechtlich geschützte Reihennamen für Bücher des Conrad Stein Verlags

Dieses OutdoorHandbuch wurde konzipiert und redaktionell erstellt vom Conrad Stein Verlag GmbH, Postfach 1233, 59512 Welver
Dorfstr. 3a, 59514 Welver
☎ 02384/963912, FAX 02384/963913
✍ <info@conrad-stein-verlag.de>
🖥 <http://www.conrad-stein-verlag.de>

Unsere Bücher sind überall im wohlsortierten Buchhandel und in cleveren Outdoorshops in Deutschland, Österreich und der Schweiz erhältlich.
Auslieferung für den Buchhandel:
Ⓓ Prolit, Fernwald und alle Barsortimente,
Ⓐ freytag & berndt, Wien,
ⒸⒽ AVA-buch 2000, Affoltern und Schweizer Buchzentrum.

Text und Fotos: Tonia Körner
Lektorat und Layout: Martina Wartenberg, Marie-Luise Tolkmit
Karten: Heide Schwinn
Gesamtherstellung: Breklumer Druckerei, 25821 Breklum

Dieses OutdoorHandbuch hat 151 Seiten mit 18 farbigen und 5 s/w Abbildungen sowie 8 Karten.
Es wurde auf chlorfrei gebleichtem Papier gedruckt und der größeren Strapazierfähigkeit wegen fadengeheftet.

0012900

Inhalt

Die Freundschaftsweg -
Riesengebirgs - Rundtour   65

Index   148

Über die Autorin

Tonia Körner arbeitet seit mehreren Jahren als freiberufliche Reisejournalistin und Reisebuchautorin. Ihr besonderes Interesse gilt den Aktivitäten "draußen": Wandern, Trekking, Radfahren, Skitouren... Von Ihr sind im Conrad Stein Verlag auch folgende OutdoorHandbücher "Der Weg ist das Ziel" erschienen: "Norwegen: Hardangervidda" und "Norwegen: Jotunheimen".

Danke

Ohne die tatkräftige Unterstützung der vielen Hilfsgeister wäre das Buch gar nicht erst zustande gekommen. Deswegen ein großes Dankeschön an meine Freundin Kerstin Schulz, meinen Bruder Tim, Birgit Köhler, Ali Khandriche und meine Eltern, die immer einsprangen, wenn Not am Mann war.

Einleitung

Rauschende Wasserfälle, windumtoste Hochebenen, jähe Abgründe, geheimnisvolle schwarze Moore, stille Wälder, blumenreiche Bergwiesen und bizarre Felsen formen im Nordwesten der Tschechischen Republik ein wildes Gebirge mit urwüchsigem Charakter.

Krkonoše – das Riesengebirge stellt mit mehr als 10 Millionen Besucher im Jahr das meistbesuchte Mittelgebirge Europas dar. Der Name erweckt Vorstellungen von einem Gebirge riesenhaften Ausmaßes. Tatsächlich läßt sich von beinahe jedem Gipfel das ganze Gebiet überblicken. Spätestens am dritten Tag fühlen wir uns heimisch.

Doch trotz der geringen flächenmäßigen Ausdehnung - mit rund 600 km² ist es deutlich kleiner als andere Mittelgebirge wie z.B. dem Harz (2.000 km²) - und der hohen Besucherzahlen entsteht selten eine Gefühl von Überfüllung. Ein Irrgarten von markierten Wegen, die sich schlingpflanzengleich über Höhenzüge und durch Täler ziehen, bieten unzählige Wander- und im Winter Skifahrmöglichkeiten.

Den größten Kamm - den Hauptkamm, der auch gleichzeitig die natürliche Grenze zu Polen bildet, erschließt in 1.300 bis 1.500 m Höhe einer der schönsten Wege des Gebirges - der *Cesta česko-polského přátelství*. Der Freundschaftsweg verläuft mal links der Grenze, mal rechts oder einfach mitten drauf. Aufgrund seiner grandiosen Ausblicke bildet er den Höhepunkt einer jeden Tour durch das Riesengebirge.

Mit seinem dichten Wege- und Unterkunftsnetz gehört das Gebirge zu den besterschlossensten Wandergebieten Europas. Es bietet Tourenmöglichkeiten für nahezu alle Ansprüche sowohl im Sommer als auch im Winter zur Skisaison, die unvergeßliche Einblicke in einen beeindruckenden Naturraum liefert.

Symbole

	Achtung, Vorsicht		Laden
	Abstecher, Wandervarianten		Kochgelegenheit
	Apotheke		Museum, Sehenswürdigkeit
	Arzt		Nationalparkinformation
	Aussichtspunkt		Öffnungszeiten
BANK	Bank, Geldwechselstube	P	Parkplatz
	landschaftliche Sehenswürdigkeit		Polizei
	Buch- und Kartentip		Post
	Bus		Post, nur Briefe
	Café		Reitmöglichkeiten
	Campingplatz		Radfahren, Radverleih
	e-mail, Internet	X	Restaurant
	Entfernung		Seilbahn
FAX	Fax		Sessellift
	Flugzeug		Skiabfahrt
	Fototip		Skilanglauf
	Gepäcktransport (Rucksack)		sportliche Unterhaltung, Sommerrodelbahn
	Gipfel, Höhe	)	Talsperre
	Imbiß/Kiosk (Kleinigkeiten zu Essen)		Straßenbahn
	Grenzübergang		Stromanschluß
	hin und zurück		Swimmingpool
	Bergwacht		Supermarkt
↑↓	Höhenmeter rauf/runter		Taxi/Auto
	Hotel / Übernachtungsmögl.		Telefon
B	Baude, Berghütte mit Restaurant	☺	Empfehlung, Tip
		☹	nicht zu empfehlen
P	Pension (nur Frühstück)		Wandermöglichkeit
F	Ferienappartement	A	Wildzelten
Z	Privatzimmer	❄	Wintersport
	Information		Wohnmobil
	Kirche		Wohnwagen
	Klima, Wetter		Zeitbedarf
			Zug

Symbolfigur für das Riesengebirge:
Der Berggeist Rübezahl

Land und Leute

Geographie

Das Riesengebirge liegt im Norden der Tschechischen Republik und dehnt sich teilweise über die Staatsgrenze nach Polen aus. Es gehört mit zum westlichen Teil der Sudeten, die sich von Nordwesten von den Lužické hory (Lausitzer Gebirge) nach Südosten zu den Nízký Jeseník (Gesenke) in der Moravská brána (Mährische Pforte) erstrecken.

Krkonoše - das Riesengebirge - ist das höchste und bekannteste Gebirge der Tschechischen Republik. Wobei die Sněžka mit ihrer 1.603 m hohen markanten Spitze sich sogar als höchster Berg Mitteleuropas nördlich der Alpen rühmen kann. Die Sněžka erhebt sich aus dem **Hauptkamm**, der sich von West nach Ost erstreckt und das ganze Riesengebirge beherrscht. Gleichzeitig markiert er auch die Grenze zwischen dem zu Polen gehörenden schlesischen Teil, der ein Drittel umfaßt, und dem böhmischen Teil in Tschechien, der zwei Drittel des Gebirges ausmacht. Deswegen wird er auch als Grenzkamm bezeichnet. Der Hauptkamm bildet ebenfalls die Wasserscheide zwischen Elbe und Oder.

Die tschechischen Berghänge sind merklich sanfter, mehr ausgedehnt und stärker gegliedert als die Hänge auf der nördlichen polnischen Seite, wo die Berge steil und kurz vom Hauptkamm in den flachen Kessel Jeleniogórska (Hirschberger Kessel) abfallen.

Dem Hauptkamm parallel südlich vorgelagert ist der **České hřeben** (Böhmischer Kamm). Letzterer wird von der Elbe in zwei Flügel zerschnitten. Von den höheren Riesengebirgskämmen spalten sich die **Riesengebirgszweigkämme** ab. Sie laufen vorwiegend nach Süden in das Hügelland rund um Vrchlabí und Trutnov aus.

Geologie

Das Riesengebirge bildet geologisch gesehen eine überwiegend aus magmatischen und metamorphen Gesteinen bestehende Einheit: das Riesengebirgskristallin. Die älteren Gesteine sind in diesem Fall die Metamorphiten. Sie entstehen aus der späteren Umwandlung anderer Gesteine unter Einfluß von starkem Druck bzw. hohen Temperaturen. Dies geschieht, wenn das Gestein im Zuge einer Gebirgsbildung in die Tiefe gedrückt wird (Regionalmetamorphose) oder im Kontakt mit heißem, aufdringendem Magma (Kontaktmetamorphose). In beiden Fällen wird die Struktur verändert (z.B. Schieferung) und es bilden sich vor allem neue Minerale.

Die **Metamorphiten** des Riesengebirges haben sich sehr früh gebildet. Ihr Alter reicht vom jungen Präkambrium bis ins mittlere Paläozoikum (vor ca. 500-400 Mio. Jahren). Erst später, vor ca. 330 Millionen Jahren drang Magma in das Gebiet ein und erstarrte zum heutigen granitischen Kern des Gebirges, der das Kammgebiet bildet.

Die nördlichen Hänge auf polnischer Seite werden unterhalb des Granites hauptsächlich von **Gneisen** eingenommen. Gneis ist ein relativ grob geschiefertes, feldspatführendes Metamorphit. Der Übergang zu Schiefer ist fließend. Bei einem Feldspatanteil von über 20% spricht man von Gneis, darunter von Schiefer.

Im Riesengebirge sind die hellen Gneise, deren Mineralzusammensetzung dem Granit ähnelt, weit verbreitet. Dunkle, biotitreiche Granodioritgneise kommen aber auch vor. Neben den Gneisen sind noch

♦   **Glimmerschiefer:** ein grobblättriges Gestein mit erkennbaren Blättchen aus Glimmer. Die anderen Hauptbestandteile Quarz und Feldspat (weniger als 20%) werden durch diverse Mineralien ergänzt, u.a. Granat, Disthen und Staurolith;

♦   **Amphibolit**: dunkles, mittel bis grobkörniges, oft aus basaltischem Gestein entstandener Metamorphit. Hauptbestandteil ist stengeliges Amphibol, eine komplizierte Gruppe von silikatischen, mehr oder weniger grünlichen Mischkristallen. Neben Augit und Feldspat können auch Chlorit, Quarz, schöne Granate und Erze enthalten sein,

und andere seltenere Metamorphite anzutreffen.

Auf der böhmischen Seite im Süden dominieren Glimmerschiefer und

♦   **Phyllit**: feinkörniges, blättriges bis schuppiges Gestein mit silbrigem, grau-grünen Glanz. Die Hauptbestandteile sind dieselben wie beim Glimmerschiefer. Daneben können z.B. Chlorit oder Karbonate enthalten sein.

Neben Gneis und Amphibolit sind außerdem

♦   **Quarzit**: aus Sandstein entstandenes und nahezu ausschließlich aus Quarz bestehendes sehr hartes Metamorphit, sehr fest

sowie

♦   **Marmor**: aus Kalkstein hervorgegangenes metamorphes Karbonatgestein, in den Schiefern und Phylliten zwischengeschaltet.

Das zentrale Gebirgsmassiv mit den meisten höheren Gipfeln besteht auf einer Länge von 70 km aus recht einförmigem, mittel- bis grobkörnigem

♦ **Granit:** Tiefengestein mit hohem Anteil an Quarz und Feldspat, was sich in einer hellen Farbe auswirkt. Dritter Hauptbestandteil ist der dunkle Glimmer Biotit. Manchmal kommt der helle Muskovit hinzu, man spricht dann von Zweiglimmergranit. Die vielfältigen Farbtönungen rühren von den unterschiedlichen Feldspatvarianten her.

Granit ist ein Tiefengestein oder Plutonit, weil es sich aus zähflüssigem aufsteigenden Magma bildet, das es nicht bis zur Oberfläche geschafft hat. Das Magma kühlt in tiefen Kammern nur sehr langsam ab, so daß die Mineralien Zeit haben, auf eine Größe, die mit bloßen Auge erkennbar ist, anzuwachsen.

Am Rand des granitischen Riesengebirgsplutons sind auch die besonderen metamorphen Gesteine zu finden, die aus dem Kontakt mit dem heißen granitischen Magma entstanden sind. Sie bilden eine Aureole von ca. 0,5 bis 2 km Breite aus

♦ **Hornfels**: festes Gestein mit feinkörnigem Gefüge ohne deutliche Schieferung, das im direktem Kontaktbereich mit dem heißem Magma hohen Temperaturen bei relativ geringem Druck ausgesetzt wurde

und

♦ **Fleckschiefer:** Schiefer, bei dem die neuentstandenen Mineralien (Chlorit, Biotit, Cordierit, Andalusit) Flecken oder sogar Knoten bilden.

In dieser Zone liegen auch verschiedene Erzlagerstätten. Sie werden zwar heute nicht mehr ausgebeutet, sind für Mineraliensammler aber immer noch interessant.

In der langen Zeit seit dem Aufstieg des Granitplutons blieb das Gebiet immer über dem Meeresspiegel, denn es gibt keine Spuren einer mesozoischen Sedimentbedeckung. So konnte die Verwitterung ungestört einwirken und die Metamorphitdecke über dem Granitpluton wurde allmählich abgetragen, so daß dieser schließlich freigelegt wurde. Die Emporhebung des Riesengebirges zu seiner ungefähren heutigen Höhe erfolgte erst vor ca. 5 Mio. Jahren im Pliozän (Jungtertiär) als Nebeneffekt der Alpenbildung.

Vor allem unter dem feuchtwarmen Klima des Alttertiärs wurde der Granit einer intensiven Verwitterung ausgesetzt. Bei der typischen **Wollsackverwitterung** dringt Wasser in das dreidimensionale Netz von Klüften und löst das Gestein allmählich zu Grus auf.

Wird dieser weggespült, bleiben an den Kanten abgerundete Granitquader übrig, die an aufgestapelte Wollsäcke erinnern. Diese Stapel fallen allmählich zusammen, während die Verwitterung unerbittlich fortschreitet. An verschiedenen Stellen häufen die Überreste an den Abhängen ganze Geröllfelder auf. Diese **Steinmeere** bedecken insbesondere die Flanken des Vysoké Kolo, Śmielec, Studničí hora, Lučí hora und Sněžka.

Widerstandsfähigere, weniger zerklüftete Bereiche können jedoch der Verwitterung länger standhalten und bilden sogenannte Felsburgen - auch **Tore** genannt, auf denen nicht selten noch lose Granitquader balancieren. Im Riesengebirge werden diese einfach "Steine" genannt. Sie zieren vielerorts die Bergkämme und Gipfel. Einer Sage nach nutzte Rübezahl sie als Wegmarkierungen.

Im Riesengebirge sind sie vor allem auf dem überwiegend aus Granitgestein bestehenden Hauptkamm anzutreffen, sowie Tvarožník (Quarkstein), Violík (Veilchenstein), Dívčí und Mužské kameny (Mädel- und Mannsteine) oder Polední kámen (Mittagsstein) und die meisten Felsen auf der polnischen Seite wie Pielgrzymy (Dreisteine), Paciorki (Korallensteine), u.a.. Außerhalb des Grenzkammes finden sich z.B. Harrachovy kameny (Harrachsteine).

Im Unterschied zum quadratischen Granitzerfall bilden Glimmerschiefer und Phyllite bei der Frostverwitterung feinere, scharfkantigere Fragmente wie die Steinmeere auf den Abhängen des Kotels und Krkonoš im Riesengebirge.

Im Pleistozän (Quartär) bedeckte während der **Eiszeiten** Inlandeis das Riesengebirge. Dieses modellierte mit seinen Gletschern die Landschaft noch mal gründlich um. An den steilen Nordhängen konnten nur Kargletscher und Hängegletscher entstehen:

♦ **Kargletscher:** sehr kurzer Gletscher ohne Zunge, der sich in einer Felsnische gebildet hat. Durch Herausbrechen von Gesteinsbrocken gräbt sich der Gletscher weiter rückwärts und vertieft die Nische.

♦ **Hängegletscher:** Gletscher, der von einem hohen Plateau aus über Steilstufen den Hang hinabfließt, ohne den Talgrund zu erreichen

Nach dem Abschmelzen blieben zahlreiche **Kare** (Gebirgskessel) zurück, oft mit einem Karsee besetzt wie im Riesengebirge bei den Śnieżne Kotly, Wielki und

Mały Staw, u.a.. Der Kocioł Łomniczki unterhalb der Sněžka ist ein schönes Bei-
spiel eines Kars ohne See.

An den ausgedehnteren Südhängen konnten sich mächtigere Talgletscher von
bis zu 5 km Länge entwickeln.

♦   **Talgletscher:** Gletscher mit ausgeprägter Zunge, der sich entlang eines
      bereits vorhandenen Flußtals fluviatilen Ursprungs ergießt.

Durch die große erosive Kraft des Eises werden die ursprünglichen V-förmigen
fluviatilen **Kerbtäler** zu mehr U-förmigen **Trogtälern** umgeformt. Schönstes Bei-
spiel im Riesengebirge ist das Tal der Úpa. Auch das Tal Labská důl ist ein eis-
zeitliches Trogtal, während wiederum Důl Bílé Labe und Dlouhý důl typische
Flußtäler darstellen.

Klima und Wetter

Obwohl das Riesengebirge relativ weit im Landesinneren liegt, befindet es sich
noch im Einflußbereich des Atlantischen Ozeans. Im Gegensatz zu den slowaki-
schen Gebirgen herrscht daher ein ozeanisch geprägtes Klima mit viel Regen bzw.
Schnee, heftigen Winden und rauhen Wintern vorn.

Die **Niederschläge** sind abhängig von der Höhe und der Bergseite. Als die
feuchtesten Plätze erweisen sich die windabgewandten steilen Flanken, wo sich
die Wolken regelmäßig abregnen (☞ Winde). In den Tälern werden nur etwa
800 mm im Jahresdurchschnitt gemessen, während auf den Kämmen 1.200 bis
1.600 mm Niederschlag fallen. Damit zählen das Riesengebirge zu den nieder-
schlagreichsten Regionen Mitteleuropas. Der Sommer ist deutlich niederschlags-
ärmer. Aber mit Temperaturstürzen, Gewittern und sogar Schneefall ist in den
höheren Lagen jederzeit zu rechnen.

Den ersten **Schnee** gibt es häufig schon im September, der letzte fällt oft erst
im Mai. Nicht zu unrecht wird mit dem Slogan "schneesicherstes Mittelgebirge
Europas" geworben. Im Gebirgsvorland hält sich die weiße Pracht zwischen 70
bis 120 Tagen im Jahr. Auf den Kämmen bleibt der Schnee bis zu 160 Tage liegen. Wanderwege über schattige Nordhänge können daher Anfang Mai noch
unpassierbar sein.

Am ärgsten vom Wetter geplagt wird die Sněžka. Sie hüllt sich an rund 300
Tagen in Wolken, an die 170 Tage überzieht Schnee die Spitze und an etwa 200
Tagen im Jahr rutscht die Quecksilbersäule unter 0°C.

Am kältesten präsentiert sich der Januar mit - 4,5°C bis zu - 7,2°C auf der Sněžka im Jahresdurchschnitt. Am wärmsten ist es im Juli. Mit **Temperaturen** zwischen durchschnittlich um die 18°C im Gebirgsvorland ergeben sich ideale Wander- und Radfahrbedingungen. Je 100 Höhenmeter nimmt die Lufttemperatur um 0,5 bis 1 Grad ab und liegt auf der Sněžka gerade mal bei 8,3°C. Dafür ist es oben wesentlich sonniger, als in den schattigen Talwäldern.

Insbesondere im Herbst bestätigt sich dies, wenn die thermische Inversion häufig die Temperaturverhältnisse umstülpt. Sobald sich die unteren Luftschichten abkühlen, sinkt die schwere, kalte Luft von den Höhen in die Täler hinab. Der Wasserdampf schlägt sich in Nebel nieder, der die Täler völlig einhüllt, während die Kammhöhen wie Inseln aus dem Wolkenmeer emporragen. Oben ist es dann schön sonnig-warm. Die Inversionswetterlage kann mehrere Wochen lang anhalten - auch im Winter - und fantastische aussichtsreiche Touren bescheren.

Die vorherrschenden **Winde** führen in Verbindung mit der Hauptausrichtung der Gebirge zu einem speziellen Phänomen, das unter dem Begriff **anemo-oro-graphische Systeme** läuft. Die gegen Westen offenen Haupttäler fangen die überwiegend westlichen Winde zunächst auf. In den Tälern gewinnen die Luftströme an Geschwindigkeit, die sich auf den freien Hochflächen sogar noch abrupt erhöht. Wenn die Winde dann in die tiefen Felskare hineinfegen, kommt es zu heftigen Turbulenzen. Dabei wird alles "ausgeschüttelt", was die Winde mit sich genommen haben.

So gelangen von Luv nach Lee Pflanzensamen, Bodenteile und auch winzige Lebewesen. Die windabgewandten Seiten sind daher auch die regen- und schneereichsten Gebiete. Am stärksten sind die Winde im Winter und können sich bis zum Orkan steigern, während im Sommer Stürme eher selten sind.

Flora

Trotz seiner kleinen Ausdehnung ist das Riesengebirge reich an verschiedenen, wertvollen Ökosystemen. Zu ihrem Schutz wurde deswegen 1959 zuerst der Nationalpark Karkonoski Park Narodowy (KPN) auf der polnischen Seite gegründet, 1963 folgte auf der böhmischen Seite des Riesengebirges der erste tschechische Nationalpark - der Krkonošský Národní Park (KRNAP). Zunächst lassen sich vier Höhenzonen unterscheiden.

In der **submontanen Zone** von 400 bis 800 m herrschen hauptsächlich **Laub-
und Mischwälder** vor, in denen vor allem Rotbuche, Bergahorn, Weißtanne, Eber-
esche, die Gewöhnliche Esche und Grauerle anzutreffen sind. Den dichten Unterbewuchs bilden u.a. Buschwindröschen, Gelbes Windröschen, Flecken-Lungen-
kraut, Echter Seidelbast, Neublatt-Zahnwurz, Zwiebelzahnwurz, Schuppenwurz,
Kriechender Günzel, Türkenbundlilie und Heidelbeersträucher.

Von den ursprünglichen **Buchenurwäldern** konnten allerdings nur kleine Reste
überleben (☞ Geschichte) wie in den Tälern der Flüsse Úpa, Labe, Jizera und
Jizerka. Im Jahre 1754 erließ Kaiserin Maria Theresia für das böhmische König-
reich das "Kaiserlich-königliche Wald- und Holzpatent", um den Wald zu retten.
Die gerodeten Flächen wurden jedoch oft nur mit Fichten aufgeforstet und so formen Fichtenmonokulturen mittlerweile fast 90% des Waldbestandes.

In der **montanen Zone** von 800 bis 1.200 m löst die Fichte die Buche ab.
Unter den hiesigen rauhen Lebensbedingungen entwickelte sich eine besonders
widerstandsfähige Art mit niedrigen Wuchs und bis zum Boden reichenden Ästen
- ein ausgesprochener Ökotyp - die **Riesengebirgsfichte**. Doch auch ihre Bestände
wurden in der Vergangenheit durch den wirtschaftlichen Raubbau empfindlich
dezimiert. Zwar dominiert die Fichte wieder die Berghänge, allerdings wurde
überwiegend Arten angepflanzt, die aus wärmeren Gegenden stammen und weit-
aus anfälliger sind.

Einen weiteren großen Waldschaden richtete die **Luftverschmutzung** in den
70er und 80er Jahren des letzten Jahrhunderts an. Durch das Verbrennen insbesondere von Kohle in tschechischen, polnischen und deutschen Elektrizitätswer-
ken - im sogenannten schwarzen Dreieck - gelangten Schwefeldioxid und Stick-
stoffdioxide in die Luft. Niederschläge (Regen, Schnee) lösten sie wieder aus und
gingen als "saurer Regen" nieder. Von den verheerenden Auswirkungen zeugen
noch heute ganze "Skelettwälder" im Riesengebirge. In den letzten Jahren sind
jedoch zahlreiche Initiativen zur Renaturierung in Angriff genommen worden.

Noch ein weiteres Problem ergab sich für die Fichtenmonokulturen. Sie sind
besonders anfällig für **Schädlinge**. Zusätzlich zu den Umweltschäden setzte u.a.
der Borkenkäfer den Waldbeständen ebenfalls zu.

Von dem einst artenreichen Unterbewuchs ist im Fichtenwald nicht viel zu finden. Fichten versauern den Boden und werfen einen starken Schatten. So wachsen im Dämmerlicht des Fichtenwaldes nur noch verschiedene Farnpflanzen und
Gräserarten.

Eine Ausnahme bilden die **Gebirgsbäche**. Entlang der Ufer drängeln sich Echter Eisenhut, Grauer Alpendost, Hasenlattich, Weiße und Rote Pestwurz, Milchlattich, Wimper-Kälberkropf, Bitteres Schaumkraut und seltener das Opiz-Bitter-Schaumkraut.

Als wahre "Perlen der Natur" gelten die blumenreichen **Bergwiesen**. Diese höher gelegenen Wiesenenklaven entstanden im 18.Jh. in der Zeit der Baudenwirtschaft (☞ Geschichte). Sie bieten einer Reihe von seltenen, unter Naturschutz stehenden Pflanzen einen Lebensraum wie dem Sudeten-Veilchen, der endemischen Böhmische Glockenblume, dem Gelben Stiefmütterchen, dem Einkopf-Ferkelkraut, dem Großkopf-Pippau, dem Alpen-Klappertopf, dem Orangen Habichskraut, der Arnika, der Mücken-Händelwurz, dem Gefleckten Fingerknabenkraut, u.a..

Die Artenvielfalt hängt jedoch von der Bewirtschaftung der Bergwiesen ab, die gejaucht und zweimal im Jahr gemäht wurden. Trockene Stellen wurden durch ein System von Gräben bewässert. Die industrielle Revolution und der Vormarsch des Tourismus verdrängte aber die Bergweidenwirtschaft aus dem Interesse der Gebirgler. Mit der fortschreitenden Vernachlässigung der Bergwiesen ging auch die Artenvielfalt nach und nach zurück. Ihre Erhaltung ist heute ein schwierige Aufgabe.

Die **subalpine Zone** liegt oberhalb der Baumgrenze auf 1.200 bis 1.450 m. Auf dieser Stufe bestimmen Sträucher, Büsche und Gräser das Bild. Verstreut wachsen hier noch Karpaten-Birke und Schlesische Weide. Am besten hält die Bergkiefer - **Knieholz** genannt - den kurzen Vegetationsperioden, Frost, Schnee und den starken Winden der höheren Lagen stand. Der lateinische Name ist *pinus mugo*. Öfters wird auch die Bezeichnung Krummholz, Latsche oder der altdeutsche Name Legföhre verwendet. Trotz ihres niedrigen, strauchartigen Wuchses kann die Bergkiefer bis zu 200 und manchmal 300 Jahre alt werden.

Im Juni und Juli steht das Knieholz in voller Blüte. Gelbe Blüten sind männlichen, veilchenblaue weiblichen Geschlechts. Das Knieholz vermehrt sich überwiegend, indem herabhängende Zweige in den Boden hineinwachsen und wieder neu ausschlagen. So entsteht ein ineinander verflochtenes Gehölz. Wenn eine Pflanze beschädigt wird, kann es gleich zum weitflächigen Absterben kommen. Daher sollten die Wege keinesfalls verlassen werden.

Das Knieholz gehört zur typischen Flora der Alpen und Mittelgebirge und hat hier seine nördlichste Ausbreitung. In der Eiszeit gelangten einige "Nordländer" mit dem Eis in die Gebirge, die hier nun ihre südlichste Grenze erreichen. Am bekanntesten ist die Moltebeere mit ihren orange-roten Früchten. Im Schutz des Knieholzes gedeihen außerdem Heidelbeer-, Preiselbeer- oder Moor-Rausch-beersträucher, weiter Siebenstern, Alpenlattich, Schwalbenwurz-Enzian (im Wappen des Nationalparks), weiße Küchenschelle und Alpen-Bärlapp.

In der Zeit der Baudenwirtschaft wich ein Teil der Knieholzbestände den Weideflächen. So konnte sich das harte, büschelige, graugrün gefärbte Borstgras ausbreiten und verwandelte die Hochflächen in karge, rauhe Landschaften. Die an Pflanzenarmut leidenden **Borstgraswiesen** werden auch als herzynische Wüste bezeichnet. Dennoch bewohnen auch einige herrlich blühende Arten diesen Teil der Berge wie Scherfell-Alpen-Küchenschelle, Berg-Nelkenwurz oder Alpen-Goldrute. Alle zwei bis drei Jahre wurden die Wiesen gemäht und das Heu mit Hörnerschlitten zu Tale gebracht.

In den flachen Senken floß das Wasser schlechter ab. Dort sammelten sich riesige Mengen Pflanzenreste. Während des Absterbungsprozesses wurden sie unter Sauerstoffmangel in eine schmierige braunschwarze Masse umgewandelt. Die so entstandenen **Torfmoore** bewohnen Moosbeere, Segge, Wollgräser und Torfmoose. Sie sind verwandt mit den nordischen Torfmooren, einschließlich der nordischen "Emigranten", die während der Eiszeit auf den Gletscherrändern zugewandert sind. Die spätere Klimaerwärmung und die Waldexpansion verhinderten die Abwanderung, woraufhin sich die skandinavischen Vertreter in die kühleren, höheren Regionen im Gebirge zurückzogen. Zu den glazialen Relikten zählen vor allem Sudeten-Läuserkraut, Linberg-Torfmoos, Rosmarinheide, Zwittrige Krähenbeere, Rasenhaarsimse, Scheiden-Wollgras und Schmallblatt-Wollgras.

Das Wollgras, das kleine weiße Inseln bildet, erhielt irrtümlich den Namen *Rübezahlbart*. Eigentlich lieferte nämlich die Bartflechte das Material zur Herstellung der Bärte der Rübezahlfiguren. Leider ist die Bartflechte aufgrund der Umweltverschmutzung mittlerweile ausgestorben.

Die **alpine Zone** tritt ab einer Höhe von 1.450 bis 1.600 in Erscheinung. Sie ist nur auf den höchsten Gipfeln des Riesengebirges vertreten. Hier befinden sich nur noch **Gras- und Flechtengesellschaften** mit Kurz-Schwingel, Felsen-Straußgras, Dreiblatt-Simse, Starren Segge. Beachtlich sind einige schöne endemische Habichtskräuter wie das Gänseblümchen-Ehrenpreis, Zwergprimel oder die Krautweide. Nicht zu übersehen ist in jedem Fall die leuchtend grüngelbe Landkarten-Flechte auf den Geröllblöcken, deren Form tatsächlich an eine Landkarte erinnert.

Völlig unabhängig von irgendwelchen Höhenzonen entwickelte sich die Vegetation in den **Gletscherkaren**, die wegen ihres enormen Pflanzenreichtums auch den Namen *zahrádka* - "**Gärtchen**" - tragen. In den steilen Felskaren wächst alles, was Licht, Wärme und Feuchtigkeit bevorzugt. Aufgrund der anemo-orographischen Windsysteme (☞ Klima) lagern die Winde Unmengen von verschiedenen Samen in den Felskaren ab und bringen den dringend benötigten Regen. Der Schnee, der sich dann im Winter dort ansammelt, schützt vor Frost und speichert die Feuchtigkeit. Lawinen vernichteten dagegen alle größeren Pflanzen, die das Licht nehmen könnten.

Als häufige Bewohner dieser einzigartigen Natursehenswürdigkeit zeigen sich alpine Arten wie Echter Eisenhut, Hoher Rittersporn, Grauer Alpendost. In den feuchten Felswänden und Quellgebieten fühlen sich Alpenschnittlauch, Alpenhelm, Sumpfenzian oder Zweiblüten-Veilchen heimisch. Auf den Hochstaudenwiesen trollen sich Narzissen-Windröschen, Trollblume, Großer Fingerhut u.a. Seltene und besonders wertvolle Arten sind u.a. von den nur hier heimischen Sudeten-Mehlbeere, Basalt-Moschus-Steinbrech, von den glazialen Relikten Schneesteinbrech, Sudeten-Läuserkraut, von alpinen Arten Alpen-Süßklee, Gebirgsraubenkirche, Frühlings-Küchenschelle oder Roter Steinbrech.

Fauna

In den **Bergwäldern** wurden die letzten großen Raubtiere wie Braunbär, Luchs, Wolf und Wildkatze in den vorigen Jahrhunderten ausgerottet. Ohne natürliche Feinde, die ihren Bestand regulierten, breitete sich das Hochwild ungehindert aus. Zum Schutz des Waldes und der Tiere müssen sie regelmäßig bejagt werden. Neben Hirschen und Rehen leben in den niederen Lagen noch der Dachs, der Fuchs, der Edelmarder und auch der Steinmarder. Wesentlich seltener ist das Wildschwein dagegen anzutreffen.

Hauptsächlich bevölkern aber **Vögel** die Wälder, die - wenn sie nicht zu sehen sind - zumindest gehört werden können: z.B. Buchfink, Fichtenkreuzschnabel, Zeisig, Tannenhäher, Schwarzspecht, verschiedene Meisenarten, Fasan und manchmal der Schwarzstorch. An Raubvögeln sind Mäusebussard, Habicht, Sperber und Schreiadler zu beobachten. Recht häufig ist auch das Birkhuhn. Ehemals gehörte das ähnlich aussehende Auerhuhn ebenfalls zu den hier heimischen Vögeln und soll wieder neu angesiedelt werden.

Weiterhin bereichern tiefer im Gehölz der Waldkauz, die Waldohreule und der Rauhfußkauz den Wald.

In den **Knieholzbeständen,** auf den **Bergwiesen** und in den **subarktischen Hochmooren** tummeln sich ganz andere Tierarten. Am stärksten vertreten sind bei den Vögeln Wasserpieper und Wiesenpieper. Mit etwas Glück flattert der aus Skandinavien stammende Mornellregenpfeifer und der Merlin über die Wiesen. Immer häufiger ist dagegen das Blaukelchen und der Birkenzeisig zu sehen.

Von den Säugetieren hat auf den Bergwiesen als glaziales Relikt die Alpenspitzmaus überlebt. Ab und zu huscht versteckt eine Waldeidechse und eine Kreuzotter, die selten auch in einer ganz schwarzen Form vorkommt, entlang der trockenen Ränder der Torfmoore.

An **felsigen Hängen** und im Geröll sind der Hausrotschwanz, der Steinschmätzer und auch der Turmfalke zu Hause. In den unzugänglichen Kotelní jámi versteckt sich der auffallend gefärbte Steinrötel. Als Besonderheit gelten auch zwei weitere "Eiszeitüberlebenden" - die Windelschnecke und der Dammläufer in den Śnieżne Kotly.

An den Ufern der **Gebirgsbäche** leben Wasseramsel, Bachstelze und die Gebirgsstelze. Weiter flußabwärts, wo ruhig fließende Abschnitte zu finden sind, geht der prächtig gefiederte Eisvogel auf die Fischjagd. Die Bachforelle ist durch die Verschmutzung der Gewässer durch den Sauren Regen vor einigen Jahrzehnten fast völlig verschwunden.

Auf den **Schneeflächen** können sich vor allem einige Insektenarten halten wie die Schnabelgrille, die Schneemücke und einige Arten der Steinfliege. Die dunkle Verfärbung des Schnees an einigen Stellen ist nicht nur Staub und Waldabfall zu verdanken, sondern rührt von kleinen Anhäufungen von Springschwänzen - winzigen chinophilen (schneeliebenden) Lebewesen.

Geschichte

Lange Zeit verhinderte der ursprüngliche Urwald aus Buchen, Fichten, Tannen und in den höheren Lagen die umfangreichen Knieholzbestände den Zutritt in die Berge. Einer der ältesten Wege ist der sogenannte "Schlesische Weg" im Riesengebirge. Historisch belegt ist er bereits vor dem 12. Jh. Er verband Böhmen über das Riesengebirgsvorland mit Schlesien. Er führte aus Vrchlabí nach Strážné, hoch auf den Světlý vrch, weiter über den Sattel zwischen Luční hora und Studniči hora und in der Nähe der heutigen Luční bouda vorbei hinab nach Schlesien.

Über einen dieser **Landespfade** erfolgte vermutlich der Einfall Boleslavs des Schiefmäuligen, der im Jahre 1100 mit seinem Heer nach Böhmen einmarschierte.

Die ersten **Pioniere**, die sich in die rauhe, unzugängliche Region wagten, waren denn auch neben einsamen Jägern nur Abenteurer und Glücksritter. Sie kamen im 13. Jh. auf der Suche nach Gold, Silber, Edelsteinen und Erzen. Als Bergleute tatsächlich in den Sandablagerungen einiger Flüsse fündig wurden, lockte die Nachricht in Windeseile Schatzgräber aus ganz Europa an, vor allem aus Italien. Sie werden **Walen** oder Welschen - *Vlaši* - genannt wegen ihrer andersartigen Sprache.

In ihren sog. Walenbüchern blieben fantastische Wegbeschreibungen, abergläubisch anmutende Deutungen und Ratschläge für Goldsucher erhalten. Einer der Verfasser, Antonius de Medici aus Florenz, lieferte zugleich die erste handschriftliche Reisebeschreibung des Riesengebirges. Einige Wege und rätselhafte Orientierungszeichen lassen sich anhand von Skizzen noch heute wiederentdecken, vor allem an der Nordseite des Riesengebirges.

Ab dem 14. Jh. wurden im Gebirgsvorland die ersten **Glashütten** errichtet. Die wichtigsten Rohstoffe - Wasser, Quarzsand und Holz - lieferte die Natur im ausreichenden Maße. Ganze Wälder wurden in den Hochöfen der Glashütten verheizt. Und wenn alles abgeholzt war, "wanderte" man eben ein Stück weiter. Ganze Landstriche wurden so verwüstet. Auf diese Weise ist z.B. auch Harrachov gewachsen. Die Glasproduktion rückte immer weiter in die Berge vor. Es entstanden Glashüttensiedlungen auch in solch abgelegenen Hochtälern wie Jizerka im Isergebirge.

Der Beginn des 15.Jh. war in Böhmen die Zeit der großen religiösen und gesellschaftlichen Unruhen, die unter dem Begriff **Hussitenkriege** in die Geschichte eingingen. Auf der einen Seite standen König Zikmund und die katholischen Herrscher, auf der anderen Seite die hussitischen Adligen, die den König nicht anerkennen wollten. Unter den Kriegszügen litt die Bevölkerung beträchtlich. Aber auch das Ende der Hussitenkriege bedeutete keine endgültige Waffenruhe im nordböhmischen Gebiet. Regionale Konflikte und Erbstreitigkeiten hielten an. Viele flüchteten über die Gebirge ins protestantische Schlesien oder versteckten sich in den Bergen. Die Auseinandersetzungen zwischen Protestanten und Katholiken gipfelten schließlich im Dreißigjährigen Krieg.

Im 16. und 17. Jh. kamen Bergleute und Holzfäller aus Tirol, Kärnten und der Steiermark ins Land. Unter der Führung des Bergfachmannes Christoph von Gendorf aus Kärnten begann die intensive wirtschaftliche Nutzung des Riesengebirges durch den **Bergbau**. Nahe der Erzlagerstätten nutzten Hammerwerke, in denen das Roheisen verarbeitet wurde, die Wasserkraft der reißenden Gebirgsbäche. Bedeutende Eisenhütten entstanden z.B. in Vrchlabí, Maršov und Lánov. Der beträchtliche Holzverbrauch als Baumaterial und für die Kohlenproduktion in den Meilern schlug allerdings weitere gewaltige Schneisen in die Bergwälder.

Die Naturkatastrophe schien unvermeidlich. Zu den besonneneren Leuten zählte Graf Johann von Harrach, dessen Familie notabene die Glashütte in Harrachov besaß. Er ließ sogar 1904 das erste Naturschutzgebiet *Strmá strá*ñ im Labský důl einrichten. Heute werden die Schmelzöfen mit Gas oder Öl betrieben. Die öden Berghänge wurden wieder aufgeforstet.

Die Einwanderer aus Tirol, Kärnten und der Steiermark siedelten sich damals an den Berghängen und auf den Bergkämmen in kleinen zerstreuten Enklaven an. Wie in ihrer Heimat hielten sie sich Vieh. Als der Bergbau und die Holzgewinnung immer unrentabler wurden, schufen sie sich mittels der Viehzucht eine neue Lebensgrundlage. Die Zeit der **Baudenwirtschaft** im 17. und 18. Jh. begann. Die Beweidung durch Kühe und Ziegen dehnte sich bis auf die Hochflächen auf den Kämmen aus.

Anfänglich trieb auch die Herrschaftsverwaltung ihr Vieh in großem Maße in die Berge. Einige herrschaftliche Bauden wie die heutige Dvoračky entstanden. Aufgrund der zunehmenden Schäden, die insbesondere die Ziegen anrichteten, wurde die intensive Bewirtschaftung der Weiden allmählich eingeschränkt. Als 1781 die Leibeigenschaft aufgehoben wurde, verkaufte die Herrschaftsverwaltung die Bauden an die Bergbewohner.

Ein Teil der Bauden (☞ Die Wandertour, Riesengebirge, Etappe 5, Die Riesengebirgsblockhäuser) war sogar das ganze Jahr über bewohnt. Im Wechsel zum 19.Jh. wurden ihre Zahl alleine im Riesengebirge auf etwa 2.500 geschätzt. Diese verfügten über annähernd 20.000 Kühe sowie an die 10.000 Ziegen. Im Sommer wuchsen die Herden um weiteres Vieh aus den tiefer gelegenen Gemeinden an. Aus der Kuhmilch wurde jahrhundertelang die gefragte gesalzene Bergbutter gestampft sowie Kräuterkäse hergestellt. Aus der Ziegenmilch wurde spezieller Ziegenkäse gemacht. Die besten Erzeugnisse trugen die Gebirgler auf Kraxen (hölzerne Rückengestelle) ins Tal, von wo aus sie ihren Weg zu Kunden in Prag, Karlsbad und ins Ausland fanden.

Die Weidetätigkeit und die Ausdehnung der Heuwiesen ging auf Kosten der Wälder und des Knieholzbestandes. Immer mehr wurden die Kammhöhen gerodet und erhielten ihr heutiges "kahles" Angesicht. Im Gegenzug wurden die Gebirge aber um etliche schöne Bergwiesen bereichert.

Anfang des 19. Jh. kamen die ersten **Touristen**, die die Schönheit der Gebirge für sich entdeckten. Einer der Vorreiter dieser Romantiker war der aufgeklärte Kunstmäzen Anton Graf von Sporck. Mit dem anschwellenden Besucherstrom bot sich den Bauden eine willkommene Einkommensquelle. Langsam wandelten sie sich zu Touristenherbergen. Neue wurden gebaut. Andere Bergbewohner verdienten sich etwas zu ihrem kargen Lohn hinzu, indem sie reiche Besucher führten oder in besonderen Hockersitzen auf die Berge trugen.

In der zweiten Hälfte des 19. Jh. stieg der Tourismus explosionsartig an. Viele Gebiete waren nun auch durch den fortschreitenden Eisenbahnbau bequem zu erreichen. Einen weiteren Anstoß gab die Entwicklung des Skisports zur Massensportart. Das Erschließen, Markieren und Instandhalten der Wege übernahm der 1880 vom Buchhalter Theodor Donat gegründete *Riesengebirgsverein* (RGV). Der Verein arbeitet heute noch stets mit dem ein wenig später gegründeten Klub českých turistů (KCT) - dem Klub tschechischer Touristen zusammen.

Die Entstehung der Tschechoslowakischen Republik nach dem Zerfall der österreichisch-ungarischen Doppelmonarchie nach dem Ersten Weltkrieg nahm die deutsche Mehrheit nicht erfreut auf, paßte sich jedoch bald an. Kurzfristig ging der Tourismus während der Weltwirtschaftskrise etwas zurück. Während des Zweiten Weltkrieges wurden in den meisten Hotels, Pensionen und Bauden von ihrer Verwundung genesende Wehrmachtsangehörige oder aus den bombardierten Städten Evakuierte einquartiert. Einige größere Bauden dienten als spezielle Ausbildungszentren der Wehrmacht. Kriegsgefangenenlager gab es u.a. in Vrchlabí, in Bedřichov und sogar auf der Špindlerova bouda.

Nach dem **Zweiten Weltkrieg** entlud sich der Konflikt zwischen den Bevölkerungsgruppen in der Vertreibung der Deutschen, die zum Großteil das Leben des Gebietes in ihrer Hand gehabt hatten. Den neuen tschechischen Besitzern fehlte zunächst das nötige Fachwissen, um alles geordnet aufrechtzuerhalten. In den 50er Jahren des letzten Jahrhunderts kam es dann zur Verstaatlichung. Von der Mißwirtschaft in der folgenden Zeit haben sich beide Gebirge mittlerweile einigermaßen erholt. Obwohl noch immer einige Schäden zu sehen sind, ist es beachtlich, wieviele Gebäude wieder in altem Glanz erstrahlen.

Die böhmische Küche

Die alte böhmische Küche war im Gebirge bedingt durch den geringen Wohlstand eher einfach und deftig - und kalorienreich. Kartoffel- und Mehlspeisen bildeten die Ernährungsgrundlage. Gemüse war teuer und wurde nur selten gegessen. So gab es hauptsächlich, was die Natur hergab - vor allem Pilze, Kräuter und Waldfrüchte.

Das Leibgericht der Böhmer sind **Knödel** in allen Variationen. Grundsätzlich finden sich auf den Speisekarten die berühmten böhmischen *houskový knedlík* (Semmelknödel). Die weichen, lockeren Köstlichkeiten werden in Scheiben geschnitten serviert. *Bramborový knedlík* (Kartoffelknödel) oder auch die *špekový knedlík* (Speckknödel) sind nicht immer im Angebot vorhanden.

Dazu wird als **Fleisch** meistens entweder *vepřová* (Schweinebraten) mit Kraut oder *guláš* (Gulasch) gereicht. Als typische Fleischgerichte zählen aber auch *svíčková na smetaně* (Rinderlende in Sahnesauce) oder *uzená krkovička* (Selchfleisch). Meist nicht im Preis enthalten, aber eine Delikatesse, die nicht versäumt werden sollte, ist der *šopský salát*. Dieser erfrischende Salat besteht aus Paprikastückchen, Gurken, Tomaten und einem äußerst schmackhaften, bröckeligen Salzkäse.

Zu jeder guten Mahlzeit gehört natürlich eine **Suppe**. In der Regel kann zwischen *houba polévka* (Pilzsuppe), *bramborová polévka* (Kartoffelsuppe) und *česnečka* (Knoblauchsuppe) gewählt werden. Mit etwas Glück kann einmal die richtige *Riesengebirgssuppe* probiert werden. Früher war die Suppe aus Kartoffeln, Dill, getrockneten Pilzen, Mehl und Wasser ein typisches "Armeleuteessen" und kam fast täglich auf den Tisch. Heute wird sie als Spezialität des Riesengebirges gepriesen und darf in einem guten böhmischen Restaurant nicht fehlen.

Die **Nachspeisen** sind in Böhmen traditionell erstklassig. Wer jetzt noch Platz im Magen hat - nach "Riesengebirgsart" bedeutet Portionen mit enormen Ausmaße - kann es sich bei einem Eisbecher oder *palačinky s ovocem a se šlehačko* (Palatschinken mit Früchten und Sahne) gutgehen lassen. Palatschinken ist eine besonders verfeinerte Variante des Pfannkuchens und wird häufig mit heimischen Heidelbeeren garniert. *České buchty* (Böhmische Buchteln), ein mit Marmelade oder süßem Quark gefülltes und goldbraun gebackenes Hefegebäck muß auf den Speisekarten leider schon gesucht werden. Unbedingt sollten auch einmal die *ovocný knedlík* (Obstknödel) gekostet werden. Das sind mit Heidelbeeren oder Pflaumen gefüllte Hefeklöße. Geschmackssache dürften allerdings die *rakvičky se* *šlehačkou* (Särgchen mit Schlagsahne) sein. Das längliche Baisergebäck mit dem ansprechenden Namen erweist sich als sehr klebrig und süß.

Nach soviel gehaltvollem Essen, empfiehlt sich ein kalter *slivovice* oder ein *becherovka* (Karlsbader Becherbitter). Letzterer **Magenbitter** wird schon seit mehr als 100 Jahren in Karlsbad aus 19 Kräutern hergestellt.

Rübezahl

Die prominenteste Person des Riesengebirges ist zweifellos der **Berggeist** *Krako-noš* - **Rübezahl**. Er kann jegliche beliebige Gestalt annehmen und je nach Laune den Menschen helfen oder sie bestrafen, seine Wut als fürchterlichen Sturm entladen oder schützend seine Hand über den Wald halten. Um den Herrscher und Bewacher der Berge, von dem aus Angst vor seinem Zorn höchstens nur ganz leise gesprochen wurde, ranken sich allerlei Märchen und Legenden. Nicht verwunderlich, daß sein Name ebenfalls mit einer Geschichte verbunden ist.

Er entführte einst die schöne Fürstentochter Emma als Braut in sein unterirdisches Reich. Doch Emma liebte bereits den Fürsten Ratibor und ersann eine List. Als Beweis seiner Treue und Liebe sollte der Berggeist alle seine Rüben zählen. Derweil dieser nun auf dem Feld eifrig zählte, flüchtete Emma auf einem schnellen Pferd zu ihrem Geliebten Ratibor. Als der "Rübenzähler" die Täuschung entdeckte, eilte er ihr nach. Emma hatte aber bereits die Grenze seines Reiches überschritten, an der seine Macht endete.

Vermutlich taucht Rübezahl schon in den Volkserzählungen im 15. und 16. Jh. auf. Eine der ersten schriftlichen Quellen war ein Bildnis auf der ältesten Landkarte Schlesiens von Martin Helwig aus dem Jahre 1561.

Anfangs wird der Herrscher und Hüter der Berge noch als heidnischer Gebirgsdämon mit Klauenfüßen, Hörnern und Schwanz dargestellt. Auch die lange Zunge zeugte eher von seiner Verwandtschaft mit dem Teufel. Namen wie *Čertův důl* (Teufelsgrund), *Čertova hora* (Teufelsberg) oder *Čertova oka* (Teufesaugen) verraten denn auch, wo seine Lieblingsplätze waren. Die drohende Gestalt kam den damaligen Gold- und Edelsteinsuchern (☞ Geschichte) wohl nicht ungelegen, um ungebetene Gäste von den Schürfstellen fernzuhalten. Aber auch die Laboranten wußten dies später zu nutzen. Die besten Orte, um Heilkräuter zu sammeln, trugen Namen wie *Krakonošova zahrádka* (Rübezahlsgärtchen) oder *Čertova zahrádka* (Teufelsgärtchen).

Im Laufe der Jahrhunderte wurde Rübezahls Gestalt und Ansehen zusehends freundlicher. Heute im Zeitalter der Touristen erscheint er als urwüchsiger Berggeist mit langem Bart und Knotenstock, der als Beschützer der Armen und für die Gerechtigkeit gegen die Raffgierigen und Nimmersatten auftritt.

Und wenn der Nebel über dem Boden schwebt, glaubt man wirklich, Rübezahl, der launische Riese und Herrscher über diese sagenumwobenen Berge, springt jeden Augenblick zwischen den Bäumen hervor.

Kleine Sprachkunde

Tschechisch	Deutsch
Bílý, bilá, bílé	weiße, -er
cesta	Weg
černý černá, černé	schwarze, -er
chalupa	Ferienhaus, Hütte
chata	Hütte
dolní	Unter-, unterer
důl	Grund, Tal
hlava	Höhle
horní	Ober-, oberer
horská chata	Berghütte
hora	Berg
hory	Gebirge
hranice	Grenze
hřeben	Kamm
hřbet	Rücken, Grat
jáma	Grube
kámen	Stein
kamený	Stein-
kříž	Kreuz
louka	Wiese
malý, malá, malé	kleine, -er
na	auf, an
nad	über, oberhalb
náměstí	Platz

návrší	Anhöhe
pod	unter, unterhalb
pomník	Denkmal
potok	Bach
pláň	Ebene, Plateau
pramen	Quelle
průsmyk	Paß
přední	vordere, Vorder-
přehrada	Talsperre
rašeliniště	Torfmoor
rokle	Schlucht, im weiteren Sinne Felskar
rozhledna	Aussichtsturm
rudník	Graben
rybník	Bergrücken
sedlo	Paß
silníce	Straße
skála	Felsen
stráň	Berghang
u	bei, an
údolí	Tal
velký, velká, velké	große, großer
vyhlídka	Aussichtspunkt
vodní	Wasser-, See
vodopád	Wasserfall
vrba	Weide
vrch	Hügel, Abhang, Gipfel
zadní	Hinter-, hintere
zahrádka	Gärtchen
zastávka	Haltestelle

Polnisch	**Deutsch**
kocioł	Grube, Gletscherkar
przełęcz	Paß
staw	Teich

Reise-Infos von A bis Z

Der symbolische Quelltopf der Elbquelle

Anreise

 Mit der Bahn

Dank der zentralen mitteleuropäischen Lage der Tschechischen Republik führen durch das Land zahlreiche europäische Eisenbahnrouten. Das Streckennetz wird von der Gesellschaft *České dráhy* (CD) betrieben, die etliche **Sonderangebote** für die Personen- als auch für die Güterbeförderung im Programm haben. Z.B. können Kinder bis 6 Jahre kostenlos reisen und Kinder bis 15 Jahre zahlen den halben Preis. Die Anreise mit dem Zug zum Riesengebirge erfolgt größtenteils via Prag oder einer der Hauptverkehrsachsen nach Prag. Interessant sind die kombinierten Europa-Sparpreistarife, die von der DB in Zusammenarbeit mit den österreichischen, schweizerischen und tschechischen Partnerbahnen angeboten werden.

So ermäßigen sich beim *Plan&Spar Europa* die Fahrpreise um 25%. Zusätzlich gewähren alle Bahnen für die 2. bis 5. Person einen Mitfahrer-Rabatt von bis zu 50%. Für die BahnCard (neu) und RAILPLUS-Inhaber gibt es nochmals 25% auf die deutschen und ausländischen Strecken. Plan&Spar Europa wird für Hin- und Rückfahrten unter folgenden Bedingungen ausgegeben:

- Kauf mindestens 7 Tage vor Reiseantritt.
- Zwischen Hin- und Rückfahrt muß eine Nacht von Sa. auf So. liegen.
- Die deutschen Züge müssen verbindlich festgelegt werden beim Kauf der Fahrkarte.
- Der Mindestpreis beträgt für die 1. Person in der 2. Klasse € 30 und in der 1. Klasse € 45,20.

Beim *Plan&Spar Europa Plus* erhöht sich die Ermäßigung auf den Normalpreis sogar auf 40%. Es gelten die gleichen obigen Bedingungen mit der Ausnahme, daß die Fahrkarte nun bereits 14 Tage vor dem ersten Reisetag gekauft werden muß.

☺   Das günstige *Schönes-Wochenende-Ticket* wird in Sachsen, Bayern und Tschechien zum **Deutsch-Tschechischen Freundschafts-Fahrschein**. Das heißt, in den Schnellzügen (R), Eilzügen (Sp) und Personenzügen (Os) der Tschechischen Bahnen kann mit dem Schönes-Wochenende-Ticket (€ 28) auf bestimmten

Strecken im Umkreis der Grenze problemlos gefahren werden. Bis zu 5 Personen können mit diesem Ticket am Sa. und So. von 0:00 bis 3:00 Uhr des Folgetages beliebig viele Fahrten in der 2. Klasse unternehmen.

Umgekehrt kaufen Sie am Reisetag in Tschechien einen ganz normalen Einzelfahrschein am CD-Schalter und lassen ihn zu einem Grenzbahnhof ausstellen. Erst wenn "Grenze" darauf steht, zählt er als *Freundschafts-Fahrschein*. Er gilt dann für den ganzen Sa. bzw So. in allen Nahverkerszügen der CD (R, Sp, Os) für die Fahrt zur Grenze sowie auf bestimmten Strecken in Deutschland im RegionalExpress (RE), in der RegionalBahn (RB), im Stadtexpress (SE) und in der S-Bahn.

Die Bahnstrecke Harrachov-Tanvald kann vom Ausland aus nicht gebucht werden. Fahrkarten sind nur vor Ort im Zug erhältlich. Züge verkehren täglich zwischen 08:00 Uhr morgens und 21:00 abends fast stündlich. Fr. und Sa. geht noch einer ca. 1 Std. später. Die Fahrt dauert etwa eine halbe Stunde und kostet Kč 22.

Der Bahnhof von Harrachov liegt im Ortsteil Mýtiny. 3 km außerhalb des Stadtzentrums oben am Berg. Während der Hauptsaison im Winter und Sommer verkehrt ein Stadtbus mehrmals täglich. Ansonsten mit dem Taxi oder zu Fuß hinauf bzw. hinunter (☞ Die Wandertour, Im Riesengebirge, Harrachov).

Für das **Rad** wird beim grenzüberschreitenden Bahnverkehr eine internationale Fahrradkarte benötigt. Sie kostet € 10 für die einfache Fahrt. In den Zügen des Fernverkehrs ist zusätzlich eine Stellplatzreservierung erforderlich. Die Rückfahrkarte kann nur in Tschechien erworben werden. Fahrradmitnahme ist auch im Vorraum in allen Personen- und Eilzügen zum Preis von Kč 20 gestattet, wenn es keine gesondert gekennzeichnete Gepäckwagen bzw. -abteile gibt. Kein Versand als Reisegepäck über die Grenze hinaus möglich.

🔲 DB Reise & Touristik, Stephensonstraße 1, D-60326 Frankfurt/Main, ☏ 11861, Fax 069/2657500, 💻 <www.bahn.de>

♦ Ceské dráhy, Generálni rèditelstvi Osobní, Preprava Ó 16, Nábrezi Ludvika Svobody 12, 11015 Praha 1, ☏ 224 614 030 - 32 (deutsch- und englischsprachige Auskunft rund um die Uhr, 📧 <info@cdrail.cz>, 💻 <www.cdrail.cz>.

🐦 Mit dem Flugzeug

Der internationale Flughafen Prag-Ruzyni befindet sich ca. 20 km nordwestlich vom
Prager Stadtzentrum entfernt. Dort landen und starten alle direkten und indirekten
Flüge. Der Zubringerverkehr zum Flughafen wird von der Buslinie Nr. 119 in regel-
mäßigen Abständen gewährleistet. Der Bus verkehrt von 04:30 bis 23:30 Uhr.

Der internationale Flugverkehr wird von der tschechischen Fluggesellschaft
České Aerolinie (CSA) aufrecht erhalten. Von Deutschland nach Prag sind Verbindungen möglich von Hamburg, Berlin, Hannover, Frankfurt, Düsseldorf, Köln
und Stuttgart, in Österreich von Wien und in der Schweiz von Zürich. Ein Flug
kostet inklusive Flughafensteuer zwischen € 240 bis 945. Die billigsten Tickets
sind an Konditionen wie z.B. die Sunday rule (d.h. die Reisezeit muß die Nacht
von Sa. auf So. beinhalten u.ä.) gebunden.

🛈   CSA, Georgsplatz 6, 20099 Hamburg, ☎ 040/339354-55, Reservierung
      0180/3920035, FAX 040/335691, ✉ <ham@czechairlines.com>,
      💻 <www.czechairlines.de>

♦   CSA, Parkring 12, 1010 Wien, ☎ 01/5123805, FAX 01/512380575,
      ✉ <vie@czechairlines.com>, 💻 <www.czechairlines.at>

♦   CSA, Löwenstrasse 20, 8001 Zürich, ☎ 01/2187010, FAX 01/2187020,
      ✉ <zrh@czechairlines.com>, 💻 <www.czechairlines.ch>

🚌 Mit dem Bus

Internationale Busverbindungen werden von einer Reihe in- und ausländischer
Gesellschaften gewährleistet. Wie beim Eisenbahnnetz laufen die meisten Linien
über Prag zusammen, von wo aus sich wieder ausgezeichnete Anschlußmöglich-
keiten ins Riesengebirge ergeben.

Von Deutschland aus operiert die Deutsche Touring GmbH. Sie unterhält
Fernbusverbindungen von vielen deutschen Großstädten nach Praha, Brno,
Teplice, Plzeň und Karlovy Vary. Eurolines Austria fährt von Wien die Städte
Praha, Brno und Karlovy Vary an. Die schweizerische Gesellschaft Eurolines
betreibt die Linie Bern-Basel-Praha-Brno und Zürich-St. Gallen-Praha-Brno.

Innerhalb Tschechiens kommen Sie von allen Städten entweder mit Bus oder
Bahn nach Harrachov. Nicht immer besteht eine tägliche Verkehrsanbindung,
außer von Prag.

🛈   sämtliche Infos über Bus, Bahn, Flug, Schiff der einzelnen Länder sind zu
      finden unter 💻 <www.fahrplan-online.de>.

- Deutsche Touring GmbH, Am Römerhof 17, 60486 Frankfurt/Main, ☎ 069/790350, FAX 069/7903219, ✏ <service@deutsche-touring.com>, 💻 <www.touring.com>.
- Eurolines Austria, Postfach 73, 1030 Wien, ☎ 01/7120453, FAX 01/7120453-20, ✏ <info@eurolines.at>, 💻 <www.eurolines.at>.
- Eurolines Eggmann-Frey, Hauptstrasse 66, 4112 Bättwil SO, ☎ 061/7359797, FAX 061/7359795, ✏ <mailbox@eurolines-schweiz.ch>, 💻 <www.eurolines-schweiz.ch>.
- alle tschech. Busse u. Züge auch unter 💻 <www.vlak-bus.cz>.

🚗 Mit dem Auto

Mit dem Auto gibt es von Deutschland und Österreich aus verschiedene Varianten für die Anreise über etliche Grenzübergänge. Über den Verkehrsknotenpunkt Prag führt die kürzeste Strecke über die E 65 und über Brno über die Straße 14. Vom Norden her landen Sie irgendwann auf der E 442 bzw. der Straße 13. Sobald Sie in Tschechien sind, werden die Autobahnen rar. Der größte Teil der Fahrt verläuft auf Landstraßen und Sie kommen wesentlich langsamer voran.

Vor Feiertagen und zu Ferienbeginn kann es an den Grenzübergängen zu längeren Wartezeiten kommen. Im Winter werden die Straßen gut instand gehalten. Dennoch sind gute Winterreifen im Gebirge Pflicht und mit Hinsicht auf den häufigen Schneefall gehören auch Ketten und eine Schaufel ins Gepäck.

Autobahnen und vierspurige Schnellstraßen sind in Tschechien gebührenpflichtig. Für ein Fahrzeug bis zu 3,5 t muß für ein Jahr Kč 800, für einen Monat Kč 200 und für 10 nacheinander folgende Tage Kč 100 entrichtet werden. Für Motorräder besteht keine Vignettenpflicht. Eine nicht angeklebte Vignette oder eine ohne eingetragene Gültigkeitsdauer bzw. Kfz-Zeichen ist ungültig. Die Vignetten sind an den Grenzübergängen, ÚAMK-Zweigstellen (Tschechischer Automobilklub), auf Postämtern sowie an größeren Tankstellen erwerbbar.

Viele Bergstraßen im Riesengebirge sind für den öffentlichen Verkehr gesperrt. Einige sind im Sommer gegen Mautgebühr befahrbar. Übernachtungsgäste der Gebirgshütten erhalten für manche eine Sondergenehmigung. Die Wirte der höher gelegenen Unterkünfte holen sonst auch Sommers wie Winter ihre Gäste nach Absprache im Tal ab.

☹   Auf keinen Fall falsch parken! In Tschechien und gerade in den stark frequentierten Touristenorten sind die Ordnungshüter schnell mit Parkkralle und

Abschleppen zur Hand. Das kann teuer werden. Benutzen Sie nur die zum Parken ausgewiesenen Stellplätze. In Špindlerův Mlýn und Janské Lázně ist das Parken im Ort ganz verboten.

☺   Zwar ist die Kriminalitätsrate im Gebirge wesentlich niedriger als in den Großstädten, dennoch empfiehlt es sich, das Auto auf einem bewachten Parkplatz zurückzulassen.

🖥 <www.uamk.cz>.

Ausrüstung

🚶 Wandern

Eine Wandertour im Riesengebirge erfordert keine Hightech-Ausrüstung. Weder ist das Gelände besonders schwierig, noch die nächste "rettende" Berghütte weit entfernt. Trotzdem sollten einige Dinge im Gepäck nicht fehlen - gerade im Hinblick auf schnelle Wetteränderungen (☞ Naturgefahren).

Unentbehrlich für eine Wanderung in den Gebirgen von Nordböhmen sind daher stabile, möglichst wasserdichte **Wanderstiefel** mit einer guten Profilsohle. Diese sollten auf den bei Regen rutschigen Felsen und streckenweise matschigen Wegen einen guten Halt bieten.

✋   Wanderstiefel aus Leder bleiben am längsten am Leben, wenn das Leder regelmäßig mit speziellen Ledercremes (im Fachhandel nachfragen) gepflegt wird. Dabei nicht das Innenleben vergessen. Starkes Schwitzen im Sommer hinterläßt auch seine Spuren in den Stiefeln. Trocknet das Innenleder wieder, kann dieses reißen und steinharte, messerscharfe Abrißkanten zurücklassen. Vor dem Trocknen das Innenleder deshalb lieber mit Vaseline einreiben.

Zum Entspannen der Füße und Auslüften der Wanderschuhe bieten sich für abends auf der Hütte oder für den Abendspaziergang ein paar leichte Sportschuhe an. Weiterhin darf **Regen- und Verbandszeug** nicht vergessen werden.

☺   Bei Blasen wird häufig auf *Compeed* oder auch *Hansaplast Blasenpflaster* zurückgegriffen. Beides hält allerdings schlecht auf schwitzender Haut. Empfehlenswert ist *Second skin*, eine gelartige Ersatzhaut (im Outdoorhandel zu kaufen). Noch besser ist *Tegaderm*, ein hauchdünner Transparentverband. Er wird eigentlich hauptsächlich bei großflächigen Wunden als zweite Haut im Krankenhaus eingesetzt, ist aber ebenfalls in jeder Apotheke erhältlich. Gut abgetaped läßt er jede Blase vergessen.

Um die Tour auch so richtig genießen zu können, muß der Rucksack mit justierbaren Gurten für Hüfte und Rücken ausgestattet sein, damit er sich problemlos an die jeweilige Körpergröße anpassen läßt. Eine entsprechende Regenschutzhülle hilft gegen die Nässe von oben. Dennoch ist es ratsam, alles, was nicht naß werden darf, noch einmal extra in Plastiktüten einzupacken. Die handlichen Pakete sind so auch einfacher zu verstauen und Sie finden schneller etwas wieder.

Für Touren in den Bergen empfiehlt sich ein wärmender Pullover. Selbst im Hochsommer kann es auf den Höhen empfindlich kühl werden. Außerdem an Sonnencreme (mindestens Faktor 12) und -brille denken. Die verstärkte Sonneneinstrahlung durch das Bergklima sind keineswegs zu unterschätzen. Unverzichtbar sind im Sommer beim Durchqueren der Talniederungen und der Hochmoorgebiete ebenfalls Mückenschutzmittel und falls das nicht hilft, zumindest eine Tube *Systral Gel* gegen den Juckreiz.

Checkliste
Die nachfolgende Liste soll nur der allgemeinen Orientierung dienen. Jeder kann sie nach seinen persönlichen Vorstellungen ergänzen.

Rucksack
Rucksack mit verstellbaren Gurten
Regenüberzug

Kleidung
Regenkleidung (Jacke und Hose)
Wollpulli oder Fleece-Pullover
Trekkinghose
Unterwäsche (ev. Thermounterwäsche)
kurze Wanderhose

T-Shirts
Wanderstrümpfe
Wanderstiefel
Leichte Sportschuhe (für abends)
Sonnenbrille

Körperpflege
Handtuch
Seife
Zahnbürste
Zahnpasta
Kamm
Toilettenpapier
Sonnenschutzmittel
Mückenschutz
Systral Gel

Erste Hilfe
Elastikverband
Tape/Pflaster
Compeed-Pflaster, 2nd Skin oder Tegaderm
Schmerz-/Grippetabletten
Trillerpfeife (Notsignale)
Alu-Rettungsdecke
Kleine Schere

Sonstiges
Karte
Wasserdichte Kartenschutzhülle
Papier und Stift
Geldbeutel mit Geld, Personalausweis,
Kreditkarte und Auslandskrankenschein
Fotoapparat
Filmmaterial
Ersatzbatterien
Nähzeug

Sicherheitsnadeln
Plastikbeutel (z.B. für Müll unterwegs)
Taschenmesser
Uhr
Proviant (☞Verpflegung)
Wasserflasche
Ein paar Wäscheklammern

Diplomatische Vertretungen

...in der Tschechischen Republik

Ⓓ Deutsche Botschaft (Velvyslanectví Němec), Vlašská 19, 11801 Praha 1, ☎ 257 320 190, FAX 257 320 043, 🖥 <www.deutsche-botschaft.cz>.

Ⓐ Österreichische Botschaft (Velvyslanectví Rakousko), Victora Huga 10, 22543 Praha 5, ☎ 257 321 282, FAX 257 316 040.

ⒸⒽ Schweizerische Botschaft, (Velvyslanectví Švýcarsko), Pevnostrní 7, 16200 Praha 6, ☎ 224 311 228, FAX 224 311 312.

Tschechiens Vertretungen in...

Ⓓ Botschaft der Tschechischen Republik, Wilhelmstrasse 44, 10117 Berlin, ☎ 030/226380, FAX 030/2294033, ✆ <berlin@embassy.mzv.cz> 🖥 <www.czech-embassy.de>, 🕓 für die Öffentlichkeit 8:30 bis 10:30.

Ⓐ Botschaft der Tschechischen Republik, Penzingerstr. 11-13, 1140 Wien, ☎ 01/89421256, FAX 01/8941200, ✆ <vienna@embassy.mzv.cz>, 🕓 für die Öffentlichkeit 8:30 bis 11:00.

ⒸⒽ Botschaft der Tschechischen Republik, Muristr. 53, 3000 Bern 16, ☎ 031/3523645, FAX 031/3527502, ✆ <bern@embassy.mzv.cz>, 🕓 für die Öffentlichkeit 10:00 bis 11:30.

Einreisebestimmungen

Deutsche und österreichische Bürger benötigen lediglich einen gültigen **Personalausweis** bei Aufenthalten bis zu drei Monaten. Paßersatzpapiere und Kinderausweise ohne Lichtbild werden von den Grenzbehörden bei der Einreise nicht anerkannt. Sind Kinder bis zum vollendeten 15. Lebensjahr im Reisepaß eines begleitenden Elternteils eingetragen, können diese ohne eigenes Reisedokument mitreisen. Für Bürger anderer Staaten besteht Reisepaß- oder teilweise Visumspflicht.

Bitte achten Sie darauf, daß die Dokumente nach der Ausreise aus der Tschechischen Republik noch mindestens drei Monate gültig sind.

Für das eigene oder gemietete Fahrzeug muß ein gültiger **Führerschein, Fahrzeugschein** und **die grüne Versicherungskarte** mitgeführt werden.

Zoll- und abgabenfrei ist die **Einfuhr von Waren**, die keinen kommerziellen Charakter haben und deren Gesamtwert nicht Kč 6.000 pro Person (bzw. Kč 3.000 bei Personen unter 15 Jahren) überschreitet sowie Gegenstände zum persönlichen Gebrauch. Darunter dürfen höchstens 200 g Zigaretten oder 250 g Rauchtabaks oder 100 Zigarillos oder 50 Zigarren (1 Zigarre max. 3 g pro Stück) von Personen ab dem 15. Lebensjahr eingeführt werden. Personen ab dem 18. Lebensjahr dürfen zollfrei außerdem 1 l Spirituosen, Likör oder Sekt oder 2 l Wein mitführen. Weiterhin unterliegt Parfum der Beschränkung auf 50 g oder 0,25 l Eau de Toilette.

Die Einfuhr von **Geldmitteln** in tschechischer sowie ausländischer Währung ist unbeschränkt möglich.

Waren, die keinen kommerziellen Charakter haben, dürfen im Touristenverkehr ohne besondere **Ausfuhrgenehmigung** ausgeführt werden, falls es sich nicht um Kunstgegenstände, Antiquitäten, Kulturschätze usw. handelt.

Für einen Aufenthalt bis zu drei Monaten benötigen fleischfressende Tiere, die älter als drei Monate sind, einen internationalen Impfschein/Impfpaß mit Impfung gegen Tollwut, die mindestens einen Monat und höchstens ein Jahr vor der Einreise erfolgt ist.

Feiertage

1. Januar: Neujahr, Ostermontag; 1. Mai: Tag der Arbeit; 8. Mai: Staatsfeiertag - Tag der Befreiung vom Faschismus (1945); 5. Juli: Staatsfeiertag - Tag der slawischen Glaubensapostel Konstantin und Method; 6. Juli: Staatsfeiertag - Tag des

Reformators Jan Hus (✝ 1415); 28. September: St. Wenzel - Hl. Patron des Landes; 28. Oktober: Nationalfeiertag - Tag der Entstehung des selbständigen tschechoslowakischen Staates 1918; 17. November: Tag der Studentenbewegung für Freiheit und Demokratie; 24. Dezember: Heiligabend; 25. Dezember: Erster Weihnachtsfeiertag; 26. Dezember: Zweiter Weihnachtsfeiertag

📷 Foto und Film

Die abwechslungsreiche Natur des Riesengebirges lockt die Fotografen nicht nur mit tollen Aussichten, bizarren Felsformationen, herrlichen Wasserfällen und stillen Seen, sondern auch der Wegesrand überrascht mit einer fantastischen Blumen- und Pflanzenvielfalt.

Wer nicht genug Filme dabei hat, kann seinen Vorrat in den Läden von Harrachov, Svoboda nad Úpou und Špindlerův Mlýn auffrischen. Außerdem sind die gängigsten Filme im kleinen Laden der Špindlerova bouda und oben auf der Sněžka erhältlich.

In einigen (militärischen) Sperrzonen sowie in der Regel in Museen und sonstigen Sehenswürdigkeiten besteht Fotografierverbot.

Geld

Währung
Die Währung ist die tschechische Krone (Kč bzw. CSK), die 100 Heller (Hal) hat. Gegenwärtig sind 10-, 20- und 50-Heller-Münzen im Umlauf. Des weiteren gibt es Münzen im Wert von 1,2,5,10,20, und 50 Kronen sowie Banknoten im Wert von 20, 50, 100, 200, 500, 1.000, 2.000 und 5.000 Kronen.

Wechselkurs
Für 1 Euro erhält man zur Zeit ca. Kč 31,55 Kronen und für 1 tschechische Krone etwa 0,03 Euro. Der Kurs hat sich im Vergleich zum Euro in den letzten Jahren etwas verschlechtert, dennoch beträgt der Umtauschkurs ca. 1:30.

BANK   🗓 Mo. bis Fr. 8:00 bis 18:00 Uhr

Kreditkarten und Schecks

Noch können in Tschechien **Kreditkarten** nur eingeschränkt benutzt werden. In den größeren Städten läßt sich damit schon eher bezahlen. Aber abgesehen von den größeren Hotels und Restaurants in den viel frequentierten Touristenorten werden auch die gängigen Kreditkarten kaum akzeptiert. Sobald die Tschechische Republik aber der EU beitritt, wird sich dieses wohl schnell ändern und die Kreditkartenzahlungsweise einen Höhenflug erleben.

Zur Zeit zählt im Riesengebirge allerdings noch fast ausschließlich das **Bargeld**. Die einfachste und günstigste Möglichkeit an tschechische Kronen zu gelangen, ist der Bankautomat (tschech. *bankomat*). Mit ihm erzielen Sie den besten Wechselkurs. Geld ziehen läßt sich in jedem größeren Ort, insbesondere auf dieser Tour in Harrachov, in Horní Malá Úpa an der Post, Svoboda nad Úpou und Špindlerův Mlýn. Ansonsten ist der Geldtausch auf der Tour in Wechselstuben (tschech. *Směnárna*) in Harrachov, Pomezní Boudy, Svoboda nad Úpou und Špindlerův Mlýn und in Hotels, Tankstellen, Reisebüros und Informationszentren möglich. **Reiseschecks** lassen sich nur in Banken einlösen.

☺   Der Euro gilt als inoffizielle Währung und wird überall akzeptiert. Selbst beim Kaffeekauf auf den Bauden (sowohl tschechisch als auch polnisch) wird problemlos umgerechnet und in der Landeswährung wieder herausgegeben. Meistens wird ausländischen Touristen bei der Quartiersuche sowieso gleich der Europreis genannt und gar nicht erst eine Bezahlung in Kronen angeboten. Trotzdem sollte zur Vorsicht eine ausreichende Menge in tschechischen Kronen im Portemonnaie mitwandern.

☹   Tauschen Sie niemals schwarz Geld, Sie werden garantiert über den Tisch gezogen.

✚ Gesundheit

Am 1. September 2002 ist das Sozialabkommen zwischen Tschechien und Deutschland in Kraft getreten, d.h. gesetzlich Krankenversicherte haben seitdem einen Krankenversicherungsschutz in Tschechien und es gilt der **Auslandskrankenschein** CZ/D 1 1 1 der Krankenkassen. Tritt während des Aufenthaltes in Tschechien eine Erkrankung ein, besteht nun grundsätzlich ein Anspruch auf Sachleistungen. Dazu gehören allgemein-, fach-, oder zahnärztliche Behandlungen, Arzneien und Heilmittel sowie stationäre Behandlungen.

Eine zusätzliche **Reisekrankenversicherung**, die ebenfalls einen - oft teuren - Rücktransport (Kosten dafür werden nämlich nicht von der gesetzlichen Krankenkasse übernommen) abdeckt, empfiehlt sich unbedingt.

Arzt heißt auf tschechisch *lékař* und Apotheke *lékárna*. Medikamente sind in den Apotheken zum Teil sehr preiswert. Notwendige Medikamente für den persönlichen Bedarf sollten dennoch mitgebracht werden, nicht alle sind sofort erhältlich.

☺   Es entfällt die Nachweispflicht einer gültigen Krankenversicherung für die Tschechische Republik für deutsche Touristen, die vormals bei Einreise verlangt werden konnte und in älterer Literatur noch erwähnt wird.

▫   Infos zu Ärzten, Impfungen usw. gibt das Centrum für Reisemedizin heraus unter ▫ <www.crm.de>.

Grenzübergänge

Entlang der tschechisch-polnischen Grenze gibt es eine Reihe von **touristischen Grenzübergängen** ausschließlich für Fußgänger, Skifahrer und Radfahrer. Sie dürfen nur benutzt werden von Bürgern der Tschechischen und Polnischen Republik und Personen, welche keiner Visa-Pflicht in den beiden Staaten und den Mitgliedstaaten der EU unterstehen. Lediglich ein Schild weist auf diese Grenzübergänge hin. Während der offiziellen Öffnungszeiten kontrollieren in der Regel Grenzbeamte mitten am Berg die Ausweise.

Entlang des Hauptkammes im Riesengebirge betrifft es die Grenzübergänge Vosecká bouda - Szrenica, den Slezské sedlo bei der Šplinderova bouda, Luční bouda - Równia pod Sniežka, Luční bouda - Schronisko Pod Śniežka, Soví Sedlo - Sowia Przelecz.

▫   01.04. - 30.09. 8:00 bis 20:00 Uhr und 01.10. - 31.03. 9:00 bis 16:00 Uhr

✋   Den Paß immer griffbereit haben! Selbst bei schlimmsten Wetter kann es passieren, daß eine Stimme hinter den Regenschleiern den Ausweis verlangt.

Von tschechischer und polnischer Seite kreuzen noch viele weitere Wege die Grenze, so daß sich daraus etliche schöne Abstecher und **grenzüberschreitende Wanderungen** kombinieren lassen. Offiziell ist dies jedoch verboten. Nur an Zollstationen darf die Grenze passiert werden. Wer also auf tschechischer Seite loswandert, könnte sich die Schneegruben nur von oben ansehen. Anders herum, wer auf polnischer Seite beginnt, dürfte noch nicht einmal zur 500 m entfernten Elbquelle gehen. Tatsächlich ist es aber mittlerweile gängige Praxis. Schon seit einigen Jahren wird das Grenzreglement in den touristischen Gebieten nicht mehr streng gehandhabt. Im Hinblick auf die EU dürfte es noch lockerer werden.

Eine offizielle Ausnahme ist der **Freundschaftsweg** (☞ Die Wandertour, Im Riesengebirge, Freundschaftsweg). Auf ihm darf grenzüberschreitend gewandert bzw. Skigefahren werden. Allerdings als Übergang in den anderen Staat darf er nicht dienen. Wer auf tschechischer Seite aufsteigt, muß die Tour auch wieder auf tschechischer Seite beenden bzw. übernachten. Dementsprechend muß, wer auf polnischer Seite aufsteigt, die Tour auf polnischer Seite beenden bzw. übernachten.

Doch auch hier wird mittlerweile der grenzüberschreitende Tourismus verstärkt gefördert. Wer mal auf einer polnischen Baude übernachtet bzw. umgekehrt wird nicht gleich verhaftet. Nur den Ausweis sollten Sie auf keinen Fall vergessen.

ℹ Information

Fremdenverkehrsämter

♦ Tschechische Zentrale für Tourismus, 🖳 <www.visitczechia.cz> oder <www.czech-tourist.de>.

♦ Vertretung Deutschland, Karlsplatz 3, 80335 München, ☎ 089/54885913, ᴘᴀx 089/ 54885915, ✍ <info@tschechieninfo.de>.

♦ Vertretung Deutschland, Karl-Liebknecht-Str. 34, 10178 Berlin, ☎ 030/2044770, ᴘᴀx 030/2044770, ✍ <tourinfo@czech-tourist.de>.

♦ Vertretung für Österreich, Schweiz, Slowenien und Ungarn, Herrengasse 17, 1010 Wien, ☎ 01/5332193, ᴘᴀx 01/53321934, ✍ <tourinfo-wien@visitczechia.at>.

☞ Die Wandertour, einzelne Etappen, lokale Fremdenverkehrsämter.

Nationalparkinformation

♦ Verwaltung des Riesengebirgs-Nationalparks (Správa Krkonošského národního parku), Dobrovského 3, 54301 Vrchlabí, ☎ 499 456 311, FAX 499 422 095, ◁ <posta@krnap.cz>, 💻 <www.krnap.cz>.

Riesengebirgsinformation

♦ Informationszentrum Veselý Výlet, Temný Důl 46, 54226 Horní Maršov, ☎ 499 874 298, FAX 499 874 221 oder in Pec pod Sněžkou,
☎ 499 736 130, FAX 499 736 131,
◁ <veselyvylet@mbox.vol.cz>, 💻 <www.veselyvylet.cz>.

♦ Riesengebirgsverein e. V., Horst Herr, Am Sande 10, 02827 Görlitz,
☎ 03581/855711, ◁ <Hruebezahl49@aol.com>,
💻 <www.riesengebirgsverein.de>.

Karten

Im Gewirr der kreuz und quer verlaufenden, farbig markierten Routen wird ohne Karte schnell die Übersicht verloren. Häufig läßt sich ein Ziel auch auf mehreren Wegen erreichen.

Für das gesamte **Riesengebirge** genügt die Wanderkarte *Riesengebirge WKCZ 1* im Maßstab 1:50.000 des Verlags freytag & berndt, worauf alles Wissenswertes inklusive der Wander-, Rad- und Skirouten eingezeichnet ist. Im Handel für € 6,80 erhältlich. Bei Bestellung über Internet z. B. bei <www.amazon.de> oder <www.buch.de> muß nur € 6,45 bezahlt werden.

Noch besser eignen sich die tschechischen topographischen Karten im Maßstab 1:25.000 der "blauen Reihe", die beim Verlag VKÚ in Zusammenarbeit mit dem Tschechischen Wanderverein Klub Českých Turistů (KCT) erschienen sind. Die obige freytag & berndt Karte ist nur ihre etwas zusammengestauchte deutsche Version. Zwei Blätter decken das Gebiet ab: *Krkonoše-Západ* ISBN 80-85510-29-A und *Krkonoše-Východ* ISBN 80-85510-29-A (Riesengebirge West und Ost). Die Kartenlegenden werden auch in Englisch und Deutsch erklärt. Kč 60 bis 80.

Daneben ist noch zahlreiches anderes Kartenmaterial sowohl in Tschechisch als auch Polnisch vorhanden (Nationalparkkarten, Wanderkarten, Skikarten, Radkarten, touristische Karten...).

☺   Die Karten vor Ort kaufen! Dort sind sie am billigsten und die tschechischen Karten sind auch überall erhältlich z.B. bei Touristeninformationen. Die
Karten vom KCT werden auch auf jeder Baude verkauft, wo sie zwar etwas teurer,
aber im Vergleich zum Ausland immer noch sehr günstig sind.

📖 Literatur

Riesen- und Isergebirgsführer

◆ *Marco Polo - Riesengebirge* von Bernd Wurlitzer, Mairs Geographischer
   Verlag, 3. Auflage 2001, Allgemeiner Überblick über das Riesengebirge,
   132 S., ISBN 3-89525-937-3, € 7,95.

◆ *Riesengebirge: Böhmischer Teil* von Karel Novak und Mariola Malerek,
   Laumann Verlagsges., 1995, guter Einblick in den tschechischen Teil des
   Riesengebirges, ISBN 3-874661725, € 14,60.

◆ *Naturparadies Riesengebirge* von Andrzej Raj und Andrzej Stachurski,
   Rautenberg Verlag, 1995, Flora und Fauna des Riesengebirges, ISBN 3-
   792105578, € 24,95.

◆ *Das Riesengebirge entdecken* von Frank Schüttig, Trescher Verlag, 3. Auflage 2002, mit viel Hintergrundinformation, einigen ausgewählten Wandertouren und kurzem Einblick ins Isergebirge, 194 S., ISBN 3-928409-69-7,
   € 13,95.

◆ *Rother Wanderführer - Riesengebirge mit Isergebirge* von Bernhard Poll-
   mann, Bergverlag Rother, 1996, 50 ausgewählte Wandertouren, konzen-
   triert sich auf die Wegbeschreibung, 144 S., ISBN 3-7633-4222-2, € 9,90.

◆ *Dumont aktiv - Wandern im Riesengebirge* von Kerstin und Andre Micklitza
   Dumont Verlag, 2002, 30 detaillierte Wanderungen, 164 S., ISBN 3-7701-
   5535-1, € 12,00.

◆ *Reiseführer durch Böhmen, Mähren und Schlesien - Riesengebirge Ost
   bzw. West* von Petr David und Vladimír Soukup (Deutsche Ausgabe), S &
   D Verlag Praha, 1996, etwas älter, dennoch umfassende Wanderstrecken-
   beschreibungen mit sämtlichem Hintergrundwissen, 120 S., ISBN 80-
   86050-03-3 und ISBN 80-86050-02-5, erhältlich auch vor Ort z. B. in
   Museen, Informationszentren, ca. € 12.

◆ *Wanderführer Riesengebirge* des KRNAP (Deutsche Ausgabe), Verlag
   Gentia, Jilemnice, 1996, detaillierte Streckenbeschreibung mit

Schwerpunkt Natur, Geschichte und Sehenswürdigkeiten, ISBN 80-902133-1-6, Kč .

- *Rübezahl - Legenden aus dem Riesengebirge* von Johann Karl August Musäus, Vitalis Verlag, 2000, 144 S., ISBN 3-934774156, € 12,40.
- *Als noch die Welt voll Teufel war* von Josef Stefan Kubin, Dausien, Hanau, 1976, Märchen aus dem Riesengebirge und aus Böhmen, ISBN 3-768436454, € 20.

OutdoorHandbücher aus dem Conrad Stein Verlag

- *Skiwandern* von John Moynier - Basiswissen für Draußen OutdoorHandbuch Band 6, 66 S., ISBN 3-89392-106-0, € 6,80.
- *Bergwandern* von Tim Castagne - Basiswissen für Draußen OutdoorHandbuch Band 9, 72 S., ISBN 3-89392-109-5, € 6,80.
- *Radwandern* von Andreas Bugdoll - Basiswissen für Draußen Outdoor-Handbuch Band 34, 120 S., ISBN 3-89392-134-6, € 6,80.
- *Karte Kompaß GPS* von Reinhard Kummer - Basiswissen für Draußen OutdoorHandbuch Band 4, 98 S., ISBN 3-89392-604-6, € 7,80.
- *Minimal Impact. Outdoor - naturverträglich* von Martin Zwosta - Basiswissen für Draußen OutdoorHandbuch Band 68, 90 S., ISBN 3-89392-168-0, € 6,80.
- *Wintertrekking von D. Heim* - Basiswissen für Draußen OutdoorHandbuch Band 70, 86 S., ISBN 3-89392-170-2, € 6,80.

Markierung und Wegzustand

Die **Wanderrouten** sind im Riesengebirge mit den charakteristischen Farbstreifen markiert, je nach Wanderroute ein grüner, roter, blauer oder gelber (auf polnischer Seite auch in schwarz) Querstreifen auf weißem Grund. Fast ausschließlich verlaufen die Strecken auf klar ersichtlichen Pfaden und Wegen, dort können die Markierungen etwas weiter auseinander liegen.

Ist kein passender Baum oder Stein in der Nähe, findet sich an der nächst-möglichen Stelle die Markierung. Das kann denn schon mal ein Stück entfernt sein. Häufig befindet sich das jeweilige Zeichen auch nicht unmittelbar am Abzweig, sondern ein paar Meter versetzt hinter der Wegverzweigung.

Manchmal muß etwas gesucht werden. Dennoch ist ein Verlaufen auf den gut gekennzeichneten Wegen kaum möglich. An jeder größeren Wegverzweigung steht ein Wegweiser, der mindestens die Entfernung zum nächsten Kreuzungspunkt und zum Endziel der jeweiligen Route angibt.

☺   Als weitere Orientierungshilfe dienen im Riesengebirge die auffälligen roten Blechschilder, deren Form das Symbol der einzelnen Bauden, Orte oder markanter Gipfel darstellt. Z. B. steht ein V für die Vosecká bouda, ein hohles Dreieck für die Sněžka oder ein Stern für Harrachov. In das Symbol ist ein roter Pfeil eingearbeitet, der die Zielrichtung angibt. Eigentlich sind sie als Wintermarkierung gedacht, leisten sie auch im Sommer gute Dienste. Alle Symbole sind übrigens auf jeder Karte verzeichnet.

✋   Oft wurden an großen Kreuzungspunkten auch Übersichtstafeln errichtet. Allerdings sind auf den Karten in der Regel die Skirouten eingezeichnet. Nicht mit den Wanderrouten verwechseln!

Die Wanderung führt überwiegend über Fahrstraßen und feste Sand-, Feld, Wald- und Forstwege sowie gute Pfade. Eine Besonderheit zeichnet den Kammweg über den Hauptkamm im Riesengebirge aus: Passagenweise ist er noch in der ursprünglichen Form erhalten.
Der aus riesigen Steinquadern zusammengesetzte Weg erinnert ein bißchen an die alten römischen Fahrstraßen.

✋   Bei Nässe bietet dieser alte Weg trotz der mit Flechten überwachsenen Steine noch guten Halt. Rutschgefahr besteht allerdings bei Schnee und Eis.

In Sumpf- bzw. Hochmoorgebieten überspannen Holzplanken und Stege die schwierigen Abschnitte. Die Chance, sich nasse und schlammverschmierte Stiefel zu holen, ist allerdings im Riesengebirge von Pomezní Boudy entlang der tschechisch-polnischen Grenze zur Rýchorská bouda ziemlich hoch.

☺   Einige der großen Sessellifte, mit denen ein anstrengender An-/Abstieg gespart werden kann, sind auch in der Wandersaison in Betrieb. Der Rucksack kann mitgenommen werden. Bei stürmischen Wetter müssen Sie jedoch damit rechnen, daß der Transport eingestellt wird.

Die **Skirouten** sind mit langen Stangen im Abstand von 20 m und farbigen Schildern in Pfeilform markiert. Im Riesengebirge werden sie noch ergänzt durch Blechschilder mit den Symbolen der einzelnen Örtlichkeiten. Die Stangenmarkierungen sind übrigens eine alte Tradition. Die ältesten schriftlichen Berichte stammen aus dem Jahre 1662.

Im Sommer die roten, grünen, blauen und gelben Pfeile nicht mit den Wandermarkierungen verwechseln.

Die **Radrouten** werden von Holzschildern angezeigt, auf denen ein Radsymbol vermerkt ist.

Mücken

Schönes, angenehm warmes Wanderwetter hat in gewissen Bereichen eindeutig seinen Nachteil, wenn nämlich die Mücken daraufhin in Scharen herumschwirren. Kommt noch ein schwacher Wind oder sogar Windstille hinzu, wünscht man sich so manches Mal einen kühlen Sturmtag herbei.

Stechmücken bevorzugen stehende Gewässer, Niederungen, Feuchtgebiete, Wärme und windgeschützte Ecken. Das idyllische Plätzchen am See verwandelt sich dann schnell in die Brutstätte einer wahren Höllenplage. Auch im Riesengebirge bleibt der Besucher im Sommer nicht von den kleinen Quälgeistern verschont. Problematisch wird es vor allem auf dieser Wanderung im Riesengebirge in den Quellwiesen rund um die Luční bouda im Norden und oberhalb vom Kurort Janské Lázně im Hochmoor Černohorské rašeliniště im Südosten.

Ein unfehlbares Erfolgsmittel gegen die lästigen Insekten gibt es nicht, doch kann man sich zumindest sinnvoll schützen. Dichte Kleidung aus festem Stoff (am besten etwas wie Goretex), Mückenhemd, Handschuhe und Hut mit Mückennetz tragen. Dabei sollte die Kleidung auf keinen Fall eng anliegen. Je weiter weg vom Körper, desto weniger gut kommen die Mücken an die heiß begehrten Hautpartien heran. Bevorzugt werden Kopf, Hals, Hände und Fußknöchel, da hier die Haut am dünnsten und damit das Blut leichter zu erreichen ist.

☺ Rechtzeitig eincremen, nicht erst wenn die ersten Mücken da sind! Das die Stechlust über Nacht abnimmt ist übrigens ein Gerücht.

🖐 Bereits stechende Mücken nicht verscheuchen, sondern warten, bis sie von selbst wieder wegfliegen. Mücken reagieren auf den Geruch von Buttersäure, also auf körperliche Ausdünstungen. Häufiges waschen kann weiterhelfen.

Naturgefahren

In den gut erschlossenen Gebieten des Riesengebirges erwarten Wanderer, Radfahrer oder Skifahrer keine abenteuerlichen Gefahren wie giftige Schlangen, reißende Gletscherflüsse oder im Winter die Einsamkeit der Arktis. Und der letzte Bär wurde bereits 1804 im Tal Obří Důl erschossen, obwohl das nicht eindeutig belegt ist. Dennoch sollte das Gelände nicht unterschätzt werden. Von allen tschechischen Gebirgen wird es als das rauheste betrachtet (☞ Land und Leute, Klima und Wetter). Seine Wetterkapriolen sind ebenso launisch, wie es seinem eigenwilligen Berggeist Rübezahl nachgesagt wird.

Wetterstürze

Mit urplötzlichen **Wetterumschwüngen, Sturm, Kälte, Schnee und Graupelschauern** muß das ganze Jahr über gerechnet werden. Selbst im Sommer sind Temperaturen unter 10 Grad in den höheren Lagen nicht selten. Nässe und Kälte führen unter Umständen zu einer **Unterkühlung** (Hypothermie). Aber vor allem die Kombination der Faktoren verursacht eine lebensgefährliche Situation. So empfinden die meisten Leute trockene Kälte als wesentlich angenehmer als feuchte. Gesteigert wird das Kälteempfinden mit zunehmenden Wind. Dieser durch den Wind verstärkte Auskühlungseffekt ist der sogenannte **Chill-Faktor**. Durch den Wind wird die Körperwärme schneller abgeleitet. Erste Anzeichen von Unterkühlung sind heftiges Zittern, erhöhter Herzschlag, zunehmender Harndrang und beginnende Apathie. Ein Absinken der Körpertemperatur auf 35 bis 32°C (leichte Unterkühlung) geht mit einer Abnahme des Zitterns und beginnenden Sprachstörungen einher. Bei 32 bis 29°C (schwere Unterkühlung) hört das Zittern auf, während die Muskeln versteifen. Seh- und Denkvermögen lassen dann auch drastisch nach. Kühlt man auf weniger als 29°C ab, besteht akute Lebensgefahr!

Heftige Winde

Heftige Winde - verstärkt im Winter - bereiten vor allem oben auf den Bergkämmen Schwierigkeiten. Ungehindert fegen sie über die zumeist kahlen Höhen hinweg und zwingen den Wanderer in die Knie, pusten den Skifahrer wieder rückwärts den Berg runter oder blasen den Radfahrer in den Graben.

     Vorsicht an den Abgründen der Gletscherkare.

☹   Besonders um die freistehende Spitze der Sněžka kann es stürmisch werden. Nur mit Mühe und Not gelingt es dann, sich an der Eisenkette des Geländers über den steilen Zickzackweg hochzuhangeln. Nicht zu empfehlen! Aber auch auf der einfacheren Variante über den breiten Jubiläumsweg riskieren Sie, an exponierten Stellen durch Orkanböen umgeschmissen zu werden und sich blaue Flecken und aufgeschürfte Hände und Knie zu holen. Gerade im Winter auf Skiern kann die Besteigung des berühmten Gipfels gefährlich werden. Der steile Schneehang bietet kaum Halt und der Abgrund ist nah. Zur Not die Skier abschnallen und zu Fuß gegen den Wind hochkämpfen, wenn man unbedingt hinauf will.

Nebel

Laut Statistik hüllt sich die Sněžka an rund 300 Tagen im Jahr in dichte Wolken. Und außer in den Herbst- und Wintermonaten, wenn die Temperaturverhältnisse auf den Kopf gestellt werden (☞ Land und Leute, Klima und Wetter), leisten die Bergkämme des Riesengebirges ihrem alles überragenden Nachbarn häufig Gesellschaft.

Gefährlich ist der Nebel in der schneefreien Zeit nicht, eher etwas unheimlich. Geländer verhindern an besonders markanten Felsabstürzen - die meisten finden sich entlang des Hauptkammes - den ungewollten Abgang in die Tiefe. Dennoch bei **schlechten Sichtverhältnissen** auf keinen Fall von den markierten Wegen abweichen, die grundsätzlich klar erkennbar sind!

Gewitter

Im Herbst und Frühjahr eher sporadisch, ist mit **Gewittern** im Sommer hier in den Bergen stets zu rechnen. Fast 40% der jährlichen Niederschlagsmenge fallen im Juli und August, woran Gewitterregen einen großen Anteil besitzen. Meist verlaufen sie nach dem gleichen Muster: Morgens lacht die Sonne von einem blauen Himmel, gegen Mittag erscheinen die ersten Wolken und nachmittags bricht die Hölle los.

Üblicherweise entlädt sich diese Naturgewalt allerdings nur kurz und kräftig und abends guckt die Sonne hinter den Bergen wieder hervor.

🖐️   Exponierte Grate, Gipfel, offenes Gelände, Gewässer und auch hohe Bäume sind bei Gewitter unbedingt zu meiden. An all diesen Orten ist die Gefahr, vom Blitz erschlagen zu werden, besonders groß.

☺   Morgens früh aufbrechen, damit das Ziel schon am frühen Nachmittag erreicht wird. Sollten Sie dennoch vom Gewitter überrascht werden, so schnell wie möglich absteigen.

Muren

Das Riesengebirge zählt zu den böhmischen Gebirgen mit den größten Niederschlagsmengen. Trotzdem ergeben sich nur ausnahmsweise so starke andauernde Regengüsse, die eine **Schlagwetterkatastrophe** mit **Erdrutschen und Flutwellen** auslösen können. In solchen Situationen fallen stellenweise 200 mm und mehr Niederschlag am Tag. Die Spuren der Erdlawinen - auch Muren genannt - sind überall an den Steilhängen zu entdecken. Das Tal Obří Důl unterhalb der Sněžka ist ein besonders gefährdeter Bereich. Der letzte katastrophale Wolkenbruch, der auch Todesopfer forderte, liegt allerdings schon über 100 Jahre zurück (☞ Die Wandertour, Im Riesengebirge, Freundschaftsweg, Etappe 7).

Lawinen

Im Winter beim Skifahren unbedingt auf die lawinengefährdeten Stellen achten und diese bei entsprechender Schneelage und Witterung meiden. Im Riesengebirge sind 50 davon registriert. Gelbschwarze Warntafeln mit der Aufschrift "*laviny*", die vom Bergrettungsdienst aufgestellt werden, weisen darauf hin. Die Warnung gilt vor allem für die beiden Hänge der Kozí hřnety, für die Talschlüsse der Koelní jámy und Labské jámy, der Śnieżne Kotly, des Kocioł Łomniczki und des Biały Jar. Einige werden die ganzen Wintermonate über gesperrt. Sie sind mit einem violetten Dreieck gekennzeichnet.

Bergrettung

Die tschechische Bergwacht *Horská Služba* hat ihre Zentrale im Riesengebirge in Špindlerův Mlýn:

♦   Dům HS Špindlerův Mlýn è. p. 260, 54351 Špindlerův Mlýn, ☎ 499 433 230, Mobil 606 157 924, [FAX] 499 433 230, 🖥 <www.horskasluzba.cz> oder <www.hskrkonose.cz> (nur in tschechisch) und im Isergebirge in:

♦ Dúm HS Bedřichov è. p. 277, 46812 Bedřichov, ☎ 483 380 204, FAX 483
380 073, Mobil 602 774 103

Naturschutz

Der Großteil der Wandertour erstreckt sich innerhalb des *Krkonošský národní
park* (KRNAP). Im Nationalpark Riesengebirge gelten folgende Verhaltensregeln,
deren Einhaltung eigentlich für jeden Wanderer oder Skifahrer selbstverständlich
sein sollte:

Es ist verboten,

▶ Abfälle wegzuwerfen, Hunde frei herumlaufen zu lassen, Lagerfeuer anzu-
legen und zu campen.

▶ mutwillig Tiere aufzuscheuchen und freilebende Lebewesen einzufan-
gen.

▶ Quellen und Gewässer zu verunreinigen und anderes zu beschädigen.

▶ in der 1. und 2. Zone skizufahren oder zu klettern.

▶ wildwachsende Pflanzen zu pflücken und Waldfrüchte zu sammeln, außer
in der 2. Zone.

▶ im Gebiet des Nationalparks Motorfahrzeuge zu fahren und zu parken.

▶ sich in der 1. und 2. Zone abseits der ausgeschilderten Wege zu
bewegen.

▶ sich auf Flächen aufzuhalten oder skizulaufen, die im Zuge der Walderneu-
erung neu bepflanzt wurden.

Es ist gestattet,

▶ auf extra von der Nationalparkverwaltung ausgewiesenen Stellen bergzu-
steigen, Lagerfeuer zu entfachen, zu zelten und das Fliegen mit Drachen
und Fallschirmen zu betreiben.

▶ auf besonders gekennzeichneten Wegen zu fahren

✍ Bei ungenügender Schneedeckung oder anderen wichtigen Gründen ist
die Schließung einiger Wanderwege bzw. Skiloipen zu respektieren.

Organisierte Touren

Wer Unterstützung bei der Reiseplanung sucht, hat die Qual der Wahl. Zahlreiche Reiseveranstalter organisieren im Riesengebirge Touren für jedermanns Geschmack. Einen sachkundigen tschechischen Partner finden Sie in:

- ℹ️ INGTOURS CK spol.sr.o, Krkonošská 14, 54301 Vrchlabí, ☎ 499 453 622, FAX 499 421 738, ✍ <vrchlabi@ingtours.cz>, 🖥 <www.ingtours.com> oder bei der Zweigstelle in Deutschland:
INGTOURS Reisen GmbH, Karl-Marx-Allee 111, 10243 Berlin, ☎ 030/2384808, FAX 030/2384838, ✍ <berlin@ingtours.de>.

Eine Auswahl an deutschen Anbietern finden Sie unter:

- ◆ 🖥 <www.trescherverlag.de>

Outdooraktivitäten

Angeln

Angelmöglichkeiten sowohl in Seen als auch Flüssen und Bächen sind größtenteils stark eingegrenzt. Fischgebiete, in denen meistens Fischfarmen eingerichtet worden sind, werden entweder vom KRNAP gehalten oder bei der tschechischen Fischereigesellschaft. Genauere Informationen sind beim KRNAP erhältlich.

Paddeln

Für den Wassersport offeriert die Iser eine gute Paddelmöglichkeit. Die befahrbare Wassertrasse erstreckt sich über 20,9 km zwischen Harrachov na Mýtě und Horní Sytová.

Der romantische felsige Flußlauf durch den tiefen Isergrund wird am Rande von herrlichen Buchenwäldern gesäumt. Im Flußbett bilden viele Felsstücke Flußschnellen und Stufen. Die Tour ist daher nur für erfahrene Wassersportler mit guter Ausrüstung geeignet. Die Zeit kurz nach der Schneeschmelze mit dem höchsten Wasserstand im Frühjahr ist zu empfehlen.

Radfahren

Im Riesengebirge finden sich ausgezeichnete Möglichkeiten, die Höhen und Täler mit dem Rad zu bezwingen. Die meisten bevorzugen ein Mountainbike, doch aufgrund der guten Wegverhältnisse langt als Voraussetzung eine gute Bergübersetzung. Allein im tschechischen Teil des Nationalparks Riesengebirge stehen über 250 km Radrouten zur Verfügung. Insgesamt sind 27 Strecken abgesteckt. Und nur auf diesen ausgezeichneten Wegen ist auch Radfahren erlaubt. Sie führen fast ausschließlich durch die III. Zone des Nationalparks. In die I. und II. Zone führen die Radwege nur selten. Weiter ist der Radsport auf die Landstraßen und die örtlichen Verkehrswege beschränkt. Absolutes Fahrradverbot gilt für die vielbefahrene Hauptverkehrsachse B 8.

Fahrräder bzw. Mountainbikes werden in allen größeren Ferienorten verliehen. Auch Hotels und Pensionen bieten sie oft an. Eine grobe Übersicht über das Routennetz liefert die von der Nationalparkverwaltung herausgegebene Karte *Krkonošsky národní park mapa cyklistická* 1:75.000. Einen besseren Einblick gewähren die vom Tschechischen Touristenklub erstellten Karten (☞ Karten).

☺   Auf den Sommerliften können Räder mitgenommen werden.

 Reiten

Das Riesengebirge vom Pferdesattel aus zu erforschen, wird immer beliebter. Pferde mieten können Sie auf dem Bergbauernhof Zlatá podkova in Rokytnice nad Jizerou, Farma Hucul in Janova Hora, auf der Kněžická chalupa bei Vrchlabí und dem Hof Severka oberhalb von Pec pod Sněžkou.

❄ Wintersport
🎿 Skiabfahrt

Zwar sind Liftmöglichkeiten und Abfahrtsstrecken mit den großen Skigebieten in den Alpen nicht vergleichbar, dennoch kommen Liebhaber des Abfahrtsports hier auch auf ihre Kosten, gerade Familien und nicht so Geübte erwartet ein weites Betätigungsfeld.

Für ein besonders langes Skivergnügen sind verschiedene Pisten beleuchtet. Die vielzahligen, Abfahrtsaktivitäten konzentrieren sich im Riesengebirge auf Harrachov, Rokytnice nad Jizerou, Šplinderův Mlýn, Pec pod Sněžkou, Janské Lázné, Vrchlabí und auf der polnischen Seite Karpacz und Szklarska-Poręba.

🎿 Sessel- und Schlepplifte von 9:00 bis 16:00, entlang der beleuchteten Pisten bis 21:00 bzw. nach Bedarf.

🎿 Skilanglauf

Das Gebirge präsentiert sich als wahre Skilanglaufparadiese. Alleine an die 800 km Loipen durchkreuzen das Riesengebirge. Die längste regelmäßig präparierte Trasse ist der 76 km lange Riesengebirgsskiweg - *Krkonošská lyžařká cesta*, der sich von Harrachov quer durch das ganze Riesengebirge bis zu den Pomezní Boudy hinzieht.

☺ Das Netz der zum Teil kostenlosen Ski-Busse zwischen den einzelnen Orten wird immer dichter. Mit ihnen kommen Sie mittlerweile fast überall täglich hin. Infos bei den lokalen Fremdenverkehrsämtern.

🖐 Zum Schutz des Naturparks außerhalb der Pisten und Loipen nicht skifahren. Speziell junge Setzlinge, deren Spitzen oft aus dem Schnee hervorragen, werden durch die scharfen Skikanten erheblich beschädigt bzw. zerstört.

Skiausrüstung wird überall in den Orten verliehen. Alles zum Thema Wintersport im Riesengebirge (Schneeverhältnisse, Seilbahnen und Lifte, Pisten und Loipen, Wetter, Preise usw.) werden übersichtlich und ständig aktualisiert auf folgenden Webseiten (allerdings nur für die tschechische Seite):

🔲 💻 <www.holidayinfo.cz> u. <www.wintersport-tschechien.de>

📯 Post

Die Post (tschech. *pošta*) bietet Dienstleistungen in vergleichbarer Qualität mit europäischem Standard an. In zwei, drei Tagen ist die Urlaubskarte daher bereits beim heimischen Empfänger und muß so nicht schon gleich am ersten Urlaubstag geschrieben werden. Postkarten und Briefe (bis 20 g) sind mit Kč 9 zu frankieren.

🔲 gewöhnlich von Mo. bis Fr. 8:00 bis 18:00 Uhr

Antwort

BÄR GmbH
Manufaktur für bequeme Schuhe
Pleidelsheimerstr. 15

74321 Bietigheim-Bissingen

Bitte senden Sie den aktuellen BÄR-Katalog kostenlos an folgende Adresse:

Name, Vorname

Straße, Hausnr.

PLZ, Ort

Telefon (für evtl. Rückfragen)   eMail

Freuen Sie sich auf die herrliche Auswahl u.a. an Freizeit- und Wander-Schuhen! Antworten Sie am besten gleich! Gerne auch per Telefon:
01 80-55 56 155* , **Stichwort: Outdoor.**
Oder besuchen Sie uns im Internet:
www.baer-manufaktur.de

*(0,12 €/Min.)

BÄR-Manufaktur für bequeme Schuhe

A15 009

In den Ortschaften sind die orange-farbigen Briefkästen nicht zu übersehen. Aber auch überall in den Bauden können Sie ihre Urlaubspost am Tresen abgeben und auf der Sněžka befindet sich sogar ein Postamt, das höchste in Tschechien.

 # Reisezeit

Wandern und **Radfahren** können Sie im Riesengebirge von Mai bis Oktober. Im April sind aufgrund der Schneeschmelze die Wege noch zu matschig bzw. nicht zu passieren und das Wetter noch zu schlecht. Außerdem sind viele Unterkünfte geschlossen. Viele Wirte nutzen den ruhigen Monat nach der anstrengenden Wintersaison zu einer kleinen Urlaubspause.

Wer die prachtvolle Blüte der Bergwiesen erleben will, muß von Ende Mai bis Mitte Juli unterwegs sein. Dann schillern ganze Hänge in violett, gelb, blau, weiß und der Wegesrand leuchtet in allen Farben des Regenbogens. Im Juli und August kann es aufgrund der Sommerferien etwas voll werden und sich die Unterkunftssuche etwas schwieriger gestalten. Dennoch - wer sich nicht im voraus festlegen will, findet in der Regel einen Schlafplatz.

Als schönste Tourenzeit gelten der September und der Oktober. Der Herbst verfügt generell über die klarste Luft und ermöglicht fantastische Fernsichten. Nachts kann es zwar schon etwas kalt werden, dafür herrscht relativ stabiles Wetter, der Wald hüllt sich in sein herrliches herbstliches Farbkleid und die Temperaturen können an milden Tagen sogar mal auf 25°C hochklettern. Ein weiterer Pluspunkt für die Herbstzeit sind die zahlreichen Blaubeersträucher, die zum Naschen verführen.

Im November kann schon wieder der erste Schnee fallen. Wiederum wird die laue Übergangszeit zum Winter von den Wirten ebenfalls als Ruhepause genutzt und ein Großteil der Unterkünfte wird von Mitte November bis Mitte Dezember geschlossen.

Die Hauptsaison ist im Winter, wenn die **Skisaison** beginnt. Zwar tummeln sich auch im Sommer allerlei Gäste im Gebirge, trotzdem findet das Hauptgeschäft immer noch zur weißen Jahreszeit statt. Skifahren können Sie im Riesengebirge von Mitte Dezember bis Anfang April. Zur Ferienzeit Weihnachten/ Silvester und Februar platzen die Gebirge aus allen Nähten. Viele Unterkünfte sind schon zwei Jahre im voraus ausgebucht, denn Skifahren hat hier Tradition. Die meisten Skihungrigen kommen schon seit Jahren und reservieren gleich wieder für das nächste Jahr.

Zu empfehlen sind daher der Januar und der März, wenn der größte Ansturm vorbei ist. Im Januar ist es zwar noch frostig kalt, dafür verwandeln Schnee und Eis die Natur in eine grandiose Märchenlandschaft mit bizarren Eisskulputuren. Im März ist es dagegen schon etwas wärmer und die Tage länger und eignet sich insbesondere für Skitouren von Hütte zu Hütte.

Sprache

Die Landessprache ist Tschechisch, eine westslawische Sprache die vornehmlich in Böhmen und Mähren gesprochen wird. Zwar wurde ein Großteil der Sudetendeutschen nach 1945 vertrieben, trotzdem können viele zumindest noch ein wenig Deutsch sprechen. Je jünger, desto schwieriger wird dementsprechend auch oft die Verständigung. Dennoch können Sie sich mit Deutsch verhältnismäßig gut durchschlagen.

Der überwiegende Teil der Touristen kommt dazu aus deutschsprachigen Ländern, worauf sich die Einheimischen schon lange eingestellt haben, insbesondere in den Touristenorten. Dort wird fast überall Deutsch gesprochen, immer mehr Werbeschilder sind zweisprachig und die Speisekarten grundsätzlich mit deutschen Untertiteln versehen. Problematisch kann es noch öfters in den Bergen werden. Zur Not ein kleines Wörterbuch mitnehmen. Am besten die wichtigsten Sachen wie "Zimmer frei ", "Frühstück" oder "wieviel?" in Tschechisch parat haben. Mit Englisch dagegen ist keine Topfpalme zu gewinnen.

☺   Hilfreich ist im jeden Fall, vorher ein paar Wörter in Tschechisch zu lernen und wenn es nur "Guten Tag" ist, alleine schon aus Höflichkeit. Eine gewisse Reserviertheit, die geschichtsbedingt gelegentlich noch gegenüber den Deutschen herrscht, kann schnell aufgebaut werden, wenn Sie ihr Glück zuerst mit ein paar tschechischen Brocken versuchen. Egal wie unverständlich Ihre Aussprache auch ist, die Tschechen wissen die Freundlichkeit durchaus zu schätzen und das Eis ist gebrochen. Plötzlich klappt die Verständigung doch - auch wenn es nur mit Händen und Füßen geht - und wo eben noch die Küche geschlossen war, gibt es zumindest jetzt doch noch ein paar belegte Brote.

☏ Telefon

Das Telefonnetz wird in der Tschechischen Republik von der staatlichen Gesellschaft *Český telecom* betrieben. Die Telefonzellen sind an ihrer orangen Farbe zu erkennen.

Kartentelefone sind weit verbreitet und Münztelefone dagegen weniger zu finden. Telefonkarten gibt es in guten Hotels, Postämtern, Zeitungskiosken und den Touristinformationen.

Das **Mobilfunknetz** besitzt im Riesengebirge erfreulich wenig Funklöcher. Allerdings wechselt dafür der Anbieter mehr oder weniger alle paar Kilometer und in regelmäßigen Abständen erscheint die freundliche Begrüßungs-SMS des neuen Anbieters. Manchmal muß auch einfach nur etwas gewartet werden. Besteht abends z.B. keine Verbindung, kann sich die Störung in der Luft bis morgens wieder gelegt haben. Absolut tot ist das Handy jedoch auf dem Gipfel der Sněžka. Bessere Verbindung erhalten Sie in jedem Fall, wenn sie für ihr Handy einen Vertrag abgeschlossen haben. Handys mit Karte bekommen öfters kein Netzkontakt. Sie werden von den tschechischen Anbietern häufig nicht angenommen, da noch Probleme bei der Abrechnung bestehen. Außerdem die Kartenhandys rechtzeitig - drei Monate im voraus - für das Ausland freischalten lassen.

☺   In der Regel wird die Benutzung des hauseigenen Telefons **auf den Bauden** auf freundliche Anfrage erlaubt.

Bei **Auslandsgesprächen** wird die 00 für das internationale Netz, die Rufnummer des jeweiligen Landes (Ⓓ 49, Ⓐ 43, ⒸⒽ 0041), die Ortskennzahl ohne die Null und anschließend die Teilnehmernummer gewählt.

Bei Telefonaten aus dem Ausland nach Tschechien wird zuerst die Ländervorwahl 00420 gewählt und anschließend die neue neunstellige Rufnummer.

✋   Am 22. September 2002 wurde das öffentliche Telekommunikationsnetz umnumeriert und damit den europäischen Standards angepaßt. In der Literatur, teilweise im Internet und in vielen Prospekten findet man noch öfters die alten fünf- oder sechsstelligen Teilnehmernummer mit den ehemaligen Ortsvorwahlen aufgeführt. Die **Umstellung** hat folgende Änderungen ergeben:

♦ Alle nationalen Telefonnummern haben nun eine einheitliche Länge von neun Ziffern.

♦ Die Ortskennzahlen wurden durch neue Telefonbezirke ersetzt, wobei die Netzkennzahl des Telefonbezirks nun ein untrennbarer Bestandteil der Benutzertelefonnummer wurde und die 0 vorweg entfällt grundsätzlich als Umschaltkennzeichnung zwischen verschiedenen Städten.

♦ Mit der Ziffer 1 werden alle Notrufe und ergänzende Dienstleistungen beginnen.

♦ Mit den Ziffern 2, 3 ,4 und 5 beginnen die nationalen Benutzernummern im Festnetz.

♦ Mit den Ziffern 6, 7, 8 und 9 fangen die Mobilfunknummern, Internetzugangsnummern und weitere Zusatzdienstleistungen der Festnetzanbieter an.

☺ Unter der englischen Homepage (💻 <www.telecom.cz/renumbering>) stehen grundsätzliche Informationen zur Umnummerierung zur Verfügung sowie eine Online-Anwendung zur Feststellung der neuen Telefonnummern, wobei diese leider nur die modernen sechsstelligen Rufnummern annimmt. Jeder Zeit kann dafür aber das Programm *Přečíslování 1.0* heruntergeladen werden, das u. a. die gesamten alten Telefonnummern in neue konvertiert.

🛏 🏚 Unterkunft

🛏 🚌 Bauden

Für eine Vielzahl an Einkehr- und Nächtigungsmöglichkeiten sorgt unterwegs ein dichtes Netz von Bauden (tschech. *bouda* bzw. Mehrzahl boudy), die sich auf den Höhen der Gebirgszüge verteilen. Ehemals waren die meisten einfache Berghütten - sogenannte "Buden" - für Waldarbeiter, Hirten, Melkerinnen, Bergbauern usw., die im letzten Jahrhundert für den Tourismus aus- und umgebaut wurden (☞ Land und Leute, Geschichte).

Im polnischen Teil wurde der alte deutsche Name "Baude" durch *schronisko* ersetzt und bedeutet "Herberge ".

Auf manchen Strecken im Riesengebirge laden die Berghütten beinahe schon im Stundentakt zum Verweilen ein. Mit wenigen Ausnahmen bieten alle Übernachtungsgelegenheiten an (☞ Die Wandertour, einzelne Etappen), die sich in zwei Kategorien unterscheiden: Touristenklasse und Hotelzimmer. Erstere bezeichnet sehr schlicht ausgestattete Zimmer mit Etagenbetten. Letztere besitzen einen gewissen Komfort, dennoch sollten keine Hotelmaßstäbe angelegt werden. Etagenduschen sind der Standard. Ein Schlafsack muß nicht mitgebracht werden! Alle Betten sind mit Bettzeug versehen.

☹   Es lohnt sich bei den günstigen Preisen nicht unbedingt, auch noch die paar Kronen bzw. Euro die das Hotelzimmer gegenüber der Touristenklasse mehr kostet, einzusparen. So werden eventuell auch einige abenteuerliche Überraschungen vermieden, wie z.B. in der Špindlerova bouda herunterfallende Bettlatten, sobald sich die Person über einem im Bett herumdreht.

Für den Tagesverkehr werden die Türen am frühen Vormittag aufgeschlossen und meist bei Einbruch der Dunkelheit wieder verschlossen, weil dann keine Wanderer mehr kommen. Ist die Tür zu, klingeln oder klopfen, im Gebirge ist es eine Gepflogenheit, keinen vor der Tür stehenzulassen.

Viele Bauden wurden in den letzten Jahren renoviert und ehemalige "volkseigene" von staatlichen Gesellschaften verwaltete als privat bewirtschaftete Hütten neu aufgemacht. Die Öffnungszeiten sind sehr unterschiedlich. In der Regel sind die Hütten bewirtschaftet von Juni bis Oktober, viele nehmen den Betrieb aber auch schon früher auf. Vor allem sind sie durchweg bekannt für ihr gutes Essen. Eine Wandertour entwickelt sich hier häufig zur reinsten Schlemmertour. Dagegen schwankt manchmal beträchtlich die Qualität in Bezug auf Sauberkeit, Ausstattung, Freundlichkeit der Wirte, Gemütlichkeit der Zimmer oder Haltbarkeit der Betten. Die Palette variiert dabei von der heimeligen kleinen Holzhütte bis zum kalten Riesenkomplex.

☺   Nicht die Geduld verlieren und Verständnis zeigen. Die freiheitsliebenden Tschechen freunden sich erst langsam mit dem System der Marktwirtschaft an. Effektivität und Konkurrenzdenken ist noch nicht jedem bewußt. Deshalb läßt gelegentlich der Service zu wünschen übrig. Aber ein "Nein" kann auch in ein "Ja" umgewandelt werden. Ein paar freundliche Worte auf Tschechisch wirken da manchmal Wunder.

🖐️   Die Bauden sind nicht nur ein bevorzugtes Ziel der Bergtouristen, sondern erfreuen sich auch noch außerordentlicher Beliebtheit bei tschechischen Schulklassen und Jugendgruppen. Abgesehen davon, daß es dann etwas turbulent zugeht, müssen Sie darauf gefaßt sein, daß es dann möglicherweise mal keinen Platz mehr gibt. Zur Sicherheit sonst probieren telefonisch vorzubestellen.

🛏️ Hotels 🛏️P Pensionen 🛏️A Appartements

In den Touristenorten und kleinen Bergsiedlungen finden sich zahlreiche Hotels, Pensionen und Ferienappartements unterschiedlichen Standards. Obwohl die Übernachtungspreise in den letzten Jahren schon etwas angezogen sind, liegen sie noch immer wesentlich unter dem europäischen Standard. Selbst gehobene Hotels sind für das normale Portemonnaie erschwinglich. Es kann allerdings sein, sollte die Tschechische Republik in 2004 tatsächlich der EU beitreten, daß dies zu einem starken Preisschub führt.

🛏️ Z Privatzimmer

Als gute Alternative erweisen sich die vielen preiswerten Privatzimmer. Wer weniger Wert auf Hotelstandards, dafür aber auf freundschaftlichen Kontakt zur einheimischen Bevölkerung legt, ist hier bestens aufgehoben.

🖐️   Üblicherweise nutzen viele Unterkünfte die flaue Zeit April/Anfang Mai und November/Anfang Dezember für eine Ruhepause. Doch einige machen ihre Ferien auch in den Sommermonaten. Nie sind jedoch alle gleichzeitig geschlossen. Irgend etwas findet sich stets in der Wandersaison. Als Hauptsaison zählt immer noch der Winter. Dementsprechend sind alle Unterkünfte zur Skifahrzeit teurer (im Buch sind die Sommerpreise angegeben).

ℹ️   Lokale Touristeninformationen (☞ Die Wandertour, einzelne Etappen) vermitteln u.a. auch Quartiere. Vor Ort wurde öfters neben deren Gebäude eine große Informationstafel aufgestellt wie in Harrachov, die die noch freien Zimmer anzeigt. Über das Telefon anbei kann dann gleich reserviert werden. Alle Übernachtungsmöglichkeiten sind jedoch nicht verzeichnet. Auskünfte sind außerdem erhältlich unter:

💻   <http://travel.cpress.cz>, <www.travelguide.cz>, www.holiday-home.org>, <www.riesengebirgehotels.de>, <www.hotel.cz>

⌂ Zelten

Gezeltet werden darf nur auf den ausgewiesenen Zeltplätzen, wovon es nur einige
wenige gut ausgestattete am Fuße der Gebirge gibt. Die meisten Campingplätze
haben das ganze Jahr über geöffnet. Längere Mehrtagestouren sind im Riesengebirge nur als Hüttentour möglich.

ℹ   💻 <www.camping.cz>

✗ Verpflegung ♀

Versorgungsmöglichkeiten

Kenner der nordböhmischen Mittelgebirge ziehen gleich ohne Proviant los. Neu-
linge brauchen nicht lange, um auf den Geschmack zu kommen. Selbst einge-
schworene Selbstversorger lassen sich von den reichhaltigen und günstigen Gau-
menfreuden schnell überzeugen. Getrost können Kocher, Kochgeschirr und
Nudeltüten zu Hause bleiben.

Vom einfachen Kiosk und Café bis zum Feinschmeckerrestaurant reicht das
üppige Angebot. Zwar tauchen in den Orten nun auch griechische oder italienische
Restaurants auf und werden die Speisekarten um die üblichen Touristenmenüs wie
Wiener Schnitzel mit Pommes erweitert, trotzdem treffen Sie überall ebenfalls auf
die gute lokale Küche (☞ Land und Leute, Die Tschechische Küche).

In den Bergen bestimmt das dichte Netz der Bauden (☞ Unterkunft) das
Bild. Gerade im Riesengebirge liegen diese nur 1 bis 3 Stunden auseinander. Ihre
Speisekarte bietet zwar in der Regel nur eine verhältnismäßig kleine Auswahl,
dennoch gehören böhmische Knödel und Palatschinken hier absolut zu ihrem
kalorienreichen Standardprogramm. Wesentlich variantenreicher offenbart sich da
das Frühstück. Fast jeden Morgen erwartet einen eine andere Überraschung. Am
üblichsten sind vier kleine heiße Würstchen mit Tomatenketchup, ein paar Gur-
kenscheibchen und etwas Brot. Ansonsten können es auch nur zwei Gewürzku-
chen oder ein umfangreiches Frühstücksmenü sein. Dazu wird grundsätzlich ein
tiefroter, süßlicher Früchtetee gereicht. Wünsche werden meistens durchaus
angenommen. Am Abend vorher beim Wirt anfragen.

✋   Frühstück wird von 8:00 bis 09:00 Uhr serviert. Auf Anfrage manchmal
auch früher. Warme Küche gibt es auf den meisten Bauden nur bis 18:00 oder

19:00 Uhr. Danach können Sie zumindest noch eine Kleinigkeit wie ein paar belegte Brote oder Wurstsalat bekommen. Spätestens um 21:00 Uhr wird die Küche geschlossen.

Wer die einfache, aber äußerst schmackhafte Küche der Bergbauern kosten will, sollte unbedingt an der Horská Farma Sosna im Riesengebirge stoppen. Die Besitzer des Bergbauernhofes stellen alles selber frisch her, u.a. verschiedene Milchprodukte und köstliche Buchteln mit Vanillesauce.

Lebensmittelpreise/Einkauf

Die Durchschnittspreise für Lebensmittel liegen in der Tschechischen Republik noch weit unter dem europäischen Standard, selbst in den überlaufenen Touristenorten. Jedoch wird damit gerechnet, daß die Preise allgemein rapide anziehen werden, sobald Tschechien der EU beitritt.

Die größeren Orte wie Harrachov und Svoboda nad Úpou verfügen über einen Supermarkt und allerlei Geschäfte. Ein kleiner Laden ist unterwegs sonst nur noch in Bedřichov im Isergebirge zu finden. Ein einheitliches Ladenschlußgesetz gibt es nicht. An Arbeitstagen öffnen die meisten Verkaufsstellen von 09:00 Uhr bis 18:00 Uhr, am Samstag bis 13:00 Uhr. In größeren Städten gehen die Geschäfte jedoch immer mehr dazu über ebenfalls am Sonntag zu öffnen.

Trinkwasser

Die Qualität des Trinkwassers, das direkt aus den Quellen am Wegesrand geschöpft wird, ist unbedenklich. Sie sind auf den tschechischen Karten eingezeichnet und in natura leicht zu erkennen. Bei Bächen ist indes immer eine gewisse Skepsis angebracht. Sie haben oft einen Zufluß aus einem der zahlreichen Hochmoore. Aus stehenden und modrigen Gewässern sollte nie Wasser entnommen werden!

Immer ausreichend Wasser mitführen, wer nichts kaufen möchte, hat zumindest die Möglichkeit, auf den Bauden Wasser nachzufüllen.

Der Freundschaftsweg und die Riesengebirgs-Rundtour

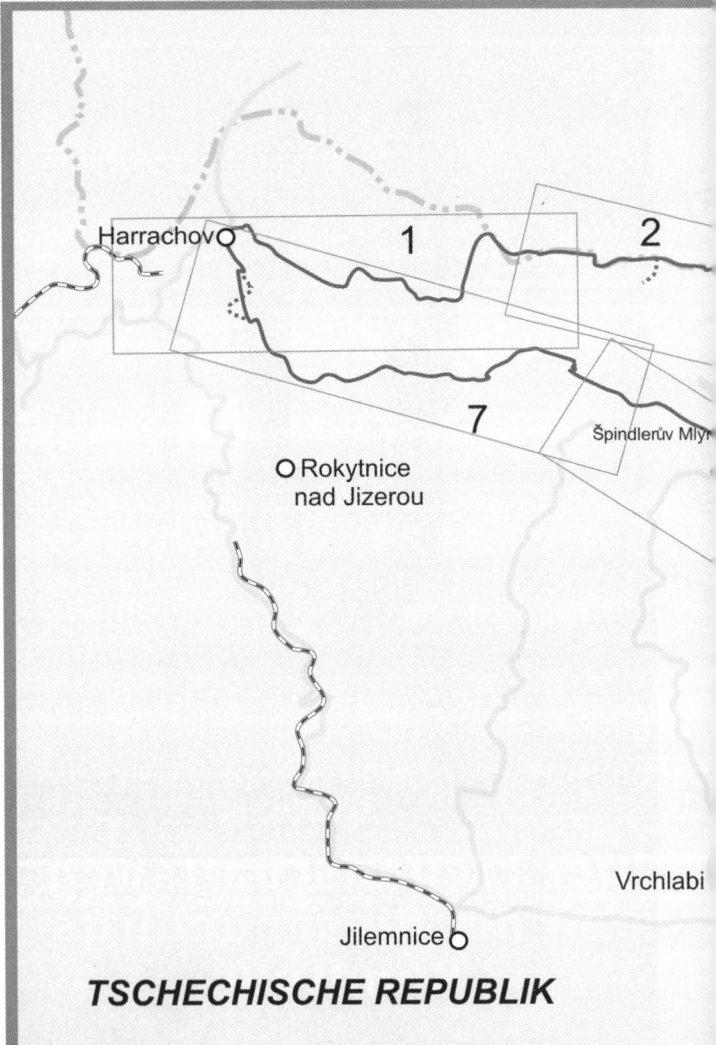

Harrachov

1

2

7

Špindlerův Mlýn

O Rokytnice
nad Jizerou

Vrchlabi

Jilemnice O

TSCHECHISCHE REPUBLIK

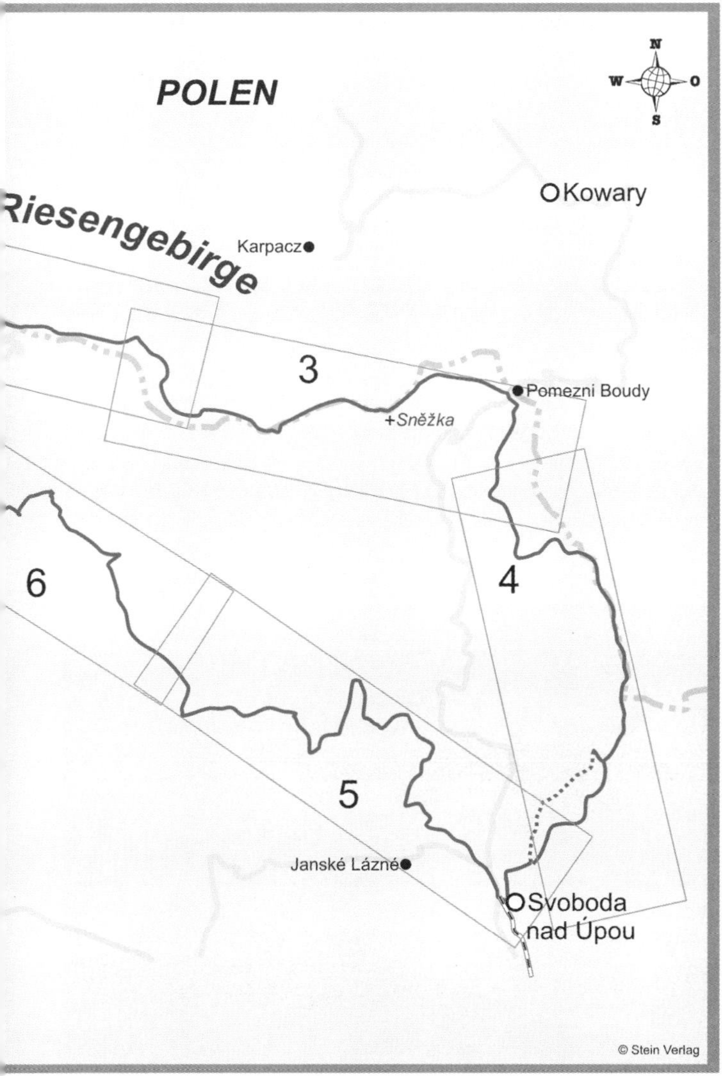

POLEN

Riesengebirge

Karpacz●

O Kowary

3

● Pomezni Boudy

+Sněžka

4

6

5

Janské Lázné●

O Svoboda
nad Úpou

© Stein Verlag

Die Wanderung erforscht die *Krkonoše* - das Riesengebirge. Die Rundtour umfaßt den tschechischen Kern des Nationalparks, der im Norden und Osten von der polnischen Grenze, im Süden von der Landstraße 14 und im Westen vom Isergebirge umschlossen wird.

Viele seiner bekanntesten Sehenswürdigkeiten liegen auf unserem Weg wie der romantische, felsige Flußlauf der Mumlava, die Elbquelle, die steilen Felskare der Śnieżne Kotly, das beeindruckende Moor Černohorské rašeliniště, der Bergbauernhof Horská farma Sosna und natürlich darf ebenfalls die allgegenwärtige Sněžka nicht fehlen.

Sowohl was die landschaftliche Schönheit als auch die Vielfalt betrifft, begegnen wir unterwegs der ganzen Palette. Rauschende Wasserfälle wechseln sich ab mit tiefen Abgründen, klaren Bergseen, geheimnisvollen Mooren, herrlichen Wäldern, aussichtsreichen Felsen und farbenprächtigen Bergwiesen.

Von Harrachov im Nordwesten führt die Tour auf den Hauptkamm des Riesengebirges und folgt dem **Freundschaftsweg** entlang der tschechisch-polnischen Grenze. Letzterer bleiben wir treu bis kurz vor Svoboda nad Úpou im Südosten. Über die Černá hora und den Liščí hřeben gelangen wir nach Špindlerův Mlýn im Herzen des Nationalparks und weiter über den Medvědín zurück nach Harrachov.

Die typische Streifenmarkierung führt Sie sicher durch das Gebirge

Von der Čertová hora mit dem Sessellift hinunter nach Harrachov

Bis zu 1.600 m erheben sich hier die Gebirgsrücken. Die Strecke ist daher insgesamt etwas bergig und besitzt einige größere An- und Abstiege. Manchmal läßt sich die Höhendifferenz mittels eines Sesselliftes überwinden. Zwar wäre die Erstürmung des Gipfels auf Schusters Rappen wesentlich sportlicher, doch entgeht einem dadurch die Gelegenheit, mal die Bergwelt aus einer völlig anderen Perspektive genießen zu können.

Die Gesamtstrecke (113,5 km) ist unter normalen Bedingungen in 7 Tagen zu schaffen. Im Hinblick auf Abstecher, besondere Sehenswürdigkeiten oder bei Schlechtwettereinbrüchen läßt sich die Tour meistens problemlos unterbrechen und die Etappen entsprechend teilen, da die Unterkunftsmöglichkeiten im Riesengebirge dicht gesät sind.

Harrachov

Harrachov ist eines der bedeutendsten Erholungszentren im Riesengebirge. Wegen ihrer günstigen Lage gilt die schnell erreichbare Ortschaft als das Eingangstor in den Nationalpark. Die weit auseinander gezogene Stadt breitet sich in einem Kessel am Fluß Mumlava und dessen Zuflüssen Mílnice, Kamenice, Bílá voda und Ryzí potok aus. Im Süden wird Harrachov durch die steilen Abhänge der Čertova hora, auf der Nordseite durch die mächtigen Hänge des Slezský hřbet abgeriegelt. Ein wichtiger Dreh- und Angelpunkt ist der Bergpaß von Nový Svět, über welchen der Grenzübergang Harrachov - Jakuszye auf der internationalen Straße E 65 und auch die noch ab Mýtini stillgelegte Eisenbahnstrecke nach Jelenia Góra verläuft.

Das ursprüngliche Dorf Dörfl wurde im 17. Jh. unweit von Seifenbach, dem heutigen Harrachover Ortsteil Rýžoviště gegründet. Zu Beginn des 18. Jh. wurde es dann nach den Besitzern, dem Grafengeschlecht Harrach, in Harrachsdorf umbenannt. Weit über die Grenzen von Böhmen hinaus erlangte der Ort bis in die heutige Zeit internationale Bekanntheit durch seine weltberühmte Glasindustrie. Die Glasherstellung im Gebiet von Harrachov läßt sich bis in das 14. Jh. nachweisen. Die erste Glashütte wurde in Rýžoviště etwa im Jahre 1630 gegründet, die 1711 jedoch wegen Holzmangels geschlossen werden mußte. Auf der Stelle der jetzigen Glasfabrik errichtete Elias Müller bereits ein Jahr später eine neue Glashütte, die im Jahre 1763 die herrschaftliche Familie Harrach erwarb und bis 1943 in ihrem Besitz blieb. Nach dem zweiten Weltkrieg wurde die Glashütte verstaatlicht. Am 01.07.1993 kaufte dann ein Privatunternehmer den Betrieb - der Glasmacher Dr. František Novosad aus Nový Bor.

Dreimal brannte die Glashütte in ihrer Geschichte völlig nieder - 1827, 1862 und 1946, wurde aber stets bald wieder aufgebaut. Vor allem Ende des 19. Jh. und Anfang des 20. Jh. machte diese das Glasgewerbe Böhmens in ganz Europa und sogar in Übersee bekannt. Die gegenwärtige Glasherstellung knüpft erfolgreich an die reiche Tradition an. Die ausschließlich handliche Verarbeitung des Glases wurde beibehalten. Besonders sehenswert ist die historische Glasschleiferei - eine der ältesten der Welt und von der Unesco als Weltkulturerbe geschützt. Die Schleifsteine werden durch eine Wasserturbine mit den originalen hölzernen Wehren betrieben.

Neben der interessanten Führung durch die Glasfabrik lohnt sich auch ein Besuch des Glasmuseums mit zahlreichen Exponaten von der Geburtsstunde der Glashütte bis heute, das im 1994 renovierten Herrenhaus untergebracht ist. Und natürlich gibt es in den angeschlossenen Geschäftsräumen verziertes Trinkglas, dickwandige Hüttengläser, glitzernde Kristallüster und vielerlei Geschenkartikel aus geschliffenem und bemalten böhmischen Kristallglas zu kaufen. Von Kitsch bis Kunst ist alles zu haben.

Harrachov entstand in seiner jetzigen Form erst nach dem Jahre 1945 durch die Eingemeindung der ehemals selbständigen Siedlungen Nový Svět, Rýžoviště und des eigentlichen Harrachov. 1959 kam dann noch Mýtini dazu. Als weitere Sehenswürdigkeiten bietet die 1973 endlich zur Stadt erhobene Ortschaft die Kapelle der Heiligen Elisabeth an, die sich neben dem Glasmuseum erhebt. Die Glocke in ihrem Turm wurde 1916 in der hiesigen Glashütte von Julius Klinger gegossen. Das gläserne Meisterwerk ist 50 cm groß und wiegt beachtliche 10 kg.

Auch die Dorfkirche St. Wenzel in der Ortsmitte nahe der Hauptstraße birgt - wie kann es auch anders sein - bewundernswerte Zeugnisse der gläsernen Vergangenheit. Die Glassäulen des Hochaltars stammen aus dem Jahre 1864, der barocke Kronleuchter gar aus dem Jahre 1828. 1730 stand hier nur eine kleine Holzkapelle. 1788 errichteten die Harrachsdorfer die Holzkirche des Heiligen Wenzel, die 1822 von der heutigen Steinkirche im Empire-Stil abgelöst wurde.

Tradition hat in Harrachov auch die Forstwirtschaft und der Bergbau (☞Etappe 5). Bei einem Gang durch die Straßen, wird allerdings sofort klar, worum sich hier eigentlich alles dreht - nämlich um den Tourismus. Harrachov hat etwa 1.780 Einwohner, aber über 10.000 (!) Gästebetten. Es gibt kaum ein Haus, das keine Zimmer vermietet. Entlang der Hauptstraße drängeln sich Souvenirläden und -stände, zahlreiche fahrende Händler asiatischer Herkunft buhlen um die Aufmerksamkeit der Passanten und Hotels, Pensionen und Restaurants locken mit Angeboten die nächsten Kunden an. Doch selbst zur Hochsaison in den Sommermonaten erweckt der Ort einen seltsam verwaisten Eindruck. Denn erst im Winter erwacht Harrachov so richtig zum Leben, wenn zur weißen Jahreszeit die Skisaison beginnt.

🖙 Zahlreiche Hotels, Pensionen, Apartments und Privatzimmer in allen Preis- und Güteklassen.

⌂ Camping Jiskra, 51246 Harrachov, ☎ 5481 529 787, FAX 481 529 536, Mobil: 603 470 113, ✉ <camping@hr.bon.cz>,
🖥 <www.camp.cz/harrachov>, ⌷ ganzjährig, Kč 75/Pers., Kinder bis 15 Jahre Kč 45, ⌂ Kč 55/90, 🚐 Kč 90, 🚗 Kč 115, ⚑ Kč 70, 🚙 Kč 60, Verleih von Rad und Ski.

✗ Mehrere Restaurants; ☺ Hotel Karolína an der Hauptstraße nahe des Glasmuseums, hervorragende böhmische Küche, nicht zu teuer, urige Gaststube und nette Bedienung.

Die Geschichte des Skisports in Harrachov

Skifahren hat in Harrachov Tradition. Sie begann als Graf Harrach im 19. Jh. die
ersten Skier nach Böhmen brachte. Die ersten im Riesengebirge gebauten Skier können im Skimuseum von Harrachov bewundert werden. Bald wurden Skilaufwettbe-
werbe vor allem nach nördlichem Vorbild veranstaltet. Wann genau die ersten statt-
fanden, ist ungewiß. Doch am 13.02.1905 verlief über Harrachov die Strecke des
ersten Distanzlaufes auf 50 km im Rahmen der Meisterschaft der Länder der Böhmischen Krone. Und am 18.02.1906 starteten beim Hotel Krakonoš s die Stafetten-
läufe, angeblich die ersten in Mitteleuropa.

Im Jahre 1908 wurde der deutsche Verein des Wintersports Harrachov-Nový Svět
gegründet. 1910 folgt die Entstehung des tschechischen Skiclubs, der zur Würdi-
gung der Verdienste von Jan Buchar, einem Bahnbrecher in der Entwicklung des Ski-
laufes, die Bezeichnung Lyžařský a turistický Bucharův klub (LTBK) annimmt. 1920
wurde dann am Fuße des Berges Čert'ák die erste künstliche Schanze in Böhmen
gebaut. Zwei Jahre später errichtete der LTBK seine erste Skisprungschanze auf dem
Berg Ptačinec.

Der erste große Meilenstein in der Harrachover Skigeschichte stellten die im
Jahre 1923 zu Ehren des VII. Skilaufkongresses organisierten Wettkämpfe dar. Die
besten Skiläufer und -springer aus 11 Ländern Europas und sogar aus den USA nahmen daran teil. Mehr als 20.000 Zuschauer sahen sich das Skispektakel an, das die
langjährige Tradition um den Pokal der Kongreßschanze eröffnete. Seit 1954 konnte
Harrachov mehrmals bedeutende internationale Skiwettkämpfe zu sich holen.

Die Krönung war die Einweihung der gewaltigen "Mammutschanze" am Berg Čertova hora 1980. Sie ist eine von fünf Schanzen dieser Größe auf der Welt. Zweimal
wurde auf ihr der Weltrekord erflogen (1980 A. Kogler 176 m und 1983 P. Ploc
181 m). 1996 wurde erstmals auf ihr von A. Goldberger mit 204 m die magische
200-m-Marke überschritten. Harrachov wurde nun regelmäßiger Austragungsort von
Weltpokalen und Europameisterschaften.

Doch Harrachov ist nicht nur stolz auf seine Bedeutung als Austragungsort im
internationalen Skizirkus, sondern auch auf die Erfolge seiner eigenen Skisportler. Ein
Großteil der tschechischen Skimannschaft wurde schon immer von Skiläufern aus
Harrachov gebildet. Insgesamt 19 Harrachover nahmen an Weltmeisterschaften oder
den Olympischen Spielen teil. 11 Medaillen brachten sie von dort wieder mit zurück.
Skierziehung wird hier eben groß geschrieben. Die Anzahl der Sportplätze übersteigt
daher auch die Anzahl der Kirchen bei weitem und mit sieben Schanzen gehört Harrachov zur europäischen Spitze.

In der Glashütte von Harrachov

☕ Mehrere Cafés; ☺ das Faema an der Ortsstraße mit tollem Blick auf die Sprungschanzen.

🛒 Supermarkt im Ortszentrum.

🏪 Etliche Geschäfte wie Bäcker, Gemüse & Obst, Optiker, Fotoladen, Sport, Kleidung entlang der Straße durchs Ortszentrum; ☺ kleiner gut sortierter Tante Emma Laden nahe des Skimuseums (⏱ täglich bis 22 Uhr).

🍷 Verschiedene Kioske, die vor allem Alkoholika und Zigaretten anbieten, ⏱ bis spät abends offen.

☎ Öffentlicher Fernsprecher beim Fremdenverkehrsamt.

🏦 Česká spořitelna: Tschechische Sparkasse mit Bankautomat, gegenüber den Sprungschanzen, ☎ 481 529 165. Mehrere Wechselstuben

☤ ☎ 481 529 232.

✳ ☎ 481 529 333, Notruf ☎ 158.

♫ Vis-à-vis der Sprungschanzen.

⚕ Hausarzt ☎ 481 529 168, Kinderarzt, ☎ 481 529380 o. Mobil 603 887 920, Zahnarzt ☎ 481 529 241.

✚ Bergwacht: Stanice HS Harrachov è. p. 456, 51246 Harrachov, ☎ 481529 449.

⌘   Muzeum Skla (Glasmuseum und Shop):, ▯ werktags 9:00 bis 17:00, Sa. und So. 9:00 bis 13:00, Kč? 60.

♦   Sklárna Novosad a syn (Glasfabrik): Führungen werktags von 08:00 bis 12:30 (auch in Deutsch), Kč 80.

♦   Lyzarské Muzeum (Skimuseum), ▯ Di. bis So. 9:30 bis 15:00.

⛷   Sessellift Harrachov-Črtova hora, ▯ ganzjährig von 9:00 bis 16:00 jede Std., Kč 30/Pers., ■ und ♿ frei. Sessellift Rýžoviště-Čertova hora und mehrere Schlepplifte, ▯ nur im Winter.

❄   Skischule JPK mit Skiverleih, P.O. Box 18, 51246 Harrachov, ☎ 481 529 635, FAX 481 529 592, ✉ <jpksport@hr.bon.cz>, 🖥 <www.harrachov.cz/jpk>.

🚲   Fahrrad -Verleih: Skiservis Ploc, Sport Čermák, Fit sport Tour Mrklas, Sport Fremr, JPK u.a.

🚗   Taxi: Konvalinka ☎ 481 529 444, Tondr ☎ 481 529 082, Pilař ☎ 602 101 130, Novotný ☎ 481 529 050, Mengler ☎ 481 529 012.

Der Freundschaftsweg

Beinahe über die ganze Länge des Hauptkammes zieht sich der *Cesta česko-polského přátelství*, der Weg der tschechisch-polnischen Freundschaft - kurz der Freundschaftsweg - hin. Für die Polen ist er der «Draga Pryjaźni Czecho-Polskiej». Doch für alle bedeutet er das gleiche. Auf einer Länge von 27 km können sich Gebirgsbesucher grenzüberschreitend auf dem rot markierten Weg bewegen, der auf dem Hauptkamm mal links, mal rechts der Grenze über tschechisches oder polnisches Hoheitsgebiet verläuft. Er beginnt bei der Vosecká bouda im Nordwesten und endet an den Pomezní boudy im Nordosten des Riesengebirges.

Ursprünglich entstand der Kammweg in den Jahren 1881 bis 1886, um die weniger zugänglichen Regionen des Riesengebirges für den explosionsartig angestiegenen Tourismus zu erschließen. Nach dem ersten Weltkrieg war der Weg immer wieder für längere Zeit je nach politischer Entwicklung für die Öffentlichkeit geschlossen. Damit eine der aussichtsreichsten Strecken wieder dem Fremdenverkehr zur Verfügung steht, wurde 1989 auf der Trasse der Freundschaftsweg geschaffen.

Teile des alten Kammweges sind noch erhalten - ein aus riesigen Quadern zusammengesetzte Steinweg, der sich über die Höhen windet. Längere Abschnitte sind jedoch leider für militärische Zwecke in befahrbare Pisten ausgebaut worden.

Insgesamt ist der Freundschaftsweg in 2 bis 3 Tagen gut zu schaffen (☞Etappen 5 bis 7).

P Hauptparkplatz im Osten des Ortes an der Umgehungsstraße, täglich 24 Std. bewacht.

♦ Weitere kleinere Stellplätze im Ortszentrum mit höheren Gebühren.

🚐 ☞ Reiseinfos A bis Z, Anreise, in Tanvald täglich mehrmals Anschluß in alle Richtungen.

🚌 Mehrmals täglich direkte Verbindungen nach Liberec Kč 36-46, Turnov Kč 44-52, Jablonec nad Nisou Kč 30-34, Tanvald Kč 15-22. Nach Praha Mo. bis Sa. mehrmals täglich, So. täglich Kč 110-126 (Preise je nach Strecke). Mit Umsteigen und in Kombination mit Zug zahllose weitere Möglichkeiten. Harrachov Busbahnhof -Bahnhof Mýtiny Dez. bis Mai Mo. bis Fr. 7:30, 8:45, 10:03, 11:44, 13:44 u. 16:04 (fährt auch von Hotel Karolína),

i 💻 <www.vlak-bus.cz>, ☎ 481 529 340

🌐 Informationszentrum des KRNAP, 🚻 tägl. außer Nov. bis März Mo. bis Fr., ☎ 481 529 188 o. 481 929 188.

i Městské informačí centrum (Touristinformation), Centrum 150, 51246 Harrachov, ☎ 481 529 600, FAX 481 529 425, ✉ <mesto@harrachov.cz>, 💻 <www.harrachov.cz>.

Etappe 1: Harrachov - Martinova bouda

➲ 17 km

⧗ 4 ¼ Std.

⇕ ⬆880 m , ⬇340 m

⇖ Zur pramen Labe

⇧ Tvarožník, Violík, Vysoké Kolo, Śmielec

🌸 Mumlavský vodopád, Śnieżne Kotly,

Auf der 1. Etappe lernen wir sowohl die grünen Täler als auch die Kämme des westlichen Riesengebirges kennen. Beginnend mit den Bergwäldern im schönen Mumlavský důl geht es über Bergwiesen hinauf zum Hauptkamm mit seinen subarktischen Hochmooren, Gletscherkaren und ausgedehnten Tundren. Nur ein größerer Anstieg von 250 m ist auf halber Strecke zu bewältigen, wenn die Markierungen einen steil zur Vosecká bouda und dem **Freundschaftsweg** hoch dirigieren. Die restlichen Höhenmeter verteilen sich über den ganzen Tag auf guten Wegen. Zum Ende erfolgt der Abstieg zur Martinova bouda.

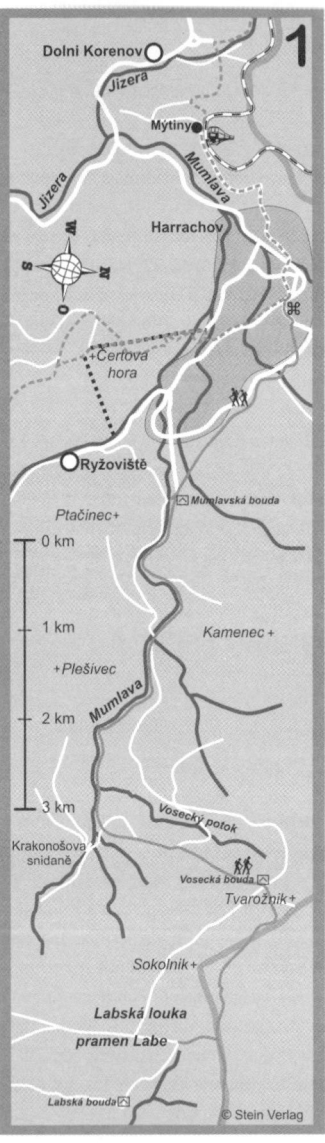

In **Harrachov** folgen wir beim Glasmuseum der Hauptstraße in Richtung Ortsmitte. Es sind nur ein paar Meter, bis die E 65 bzw. die Straße Nr.10 hinter dem Hotel Karolína nach links abbiegt. Die Straße geradeaus ins Zentrum ignorieren. Nicht weit entfernt befindet sich linker Hand der Campingplatz Jiskra. Gegenüber zweigt unsere gelbe Route zum Mumlavský vodopád ab.

✋ Auf einigen Karten ist diese Route falsch als rot markierte Strecke eingezeichnet.

Einige Meter weiter halten wir uns an einer Gabelung links in den für motorisierten Fahrzeuge gesperrten asphaltierten Weg. Kurz hinter einer Unterführung weist uns an einer Wegespinne ein gelber Pfeil auf dem Boden geradeaus auf den asphaltierten Weg, der parallel zur Umgehungsstraße durch den Wald oberhalb von Harrachov langsam hoch läuft. Alle Abzweigungen bleiben unbeachtet bis zur **Mumlavská bouda** (771 m) (⌛ ½ Std.).

🛏 Mumlavská bouda, ☎ 481 529 019, 🚪 ganzjährig 10:00 bis 18:00 Uhr, keine Übernachtung.

Sie liegt an der für den öffentlichen Verkehr gesperrten Fahrstraße, die vom Zentrum Harrachovs in den

Der Mummelfall

schmalen, langgezogenen Mumlavský důl (Mummelgrund) hinauf führt. Die
Mummelbaude war ursprünglich ein Forsthaus, das schon seit 1900 als Ausflugs-
restaurant diente und mittlerweile zum Imbiß und Kiosk verkümmert. Von der
Baude aus sind es noch 50 m auf einem gelb markierten Waldpfad hinab zum Fluß
Mumlava (Mummel). Von der Brücke ergibt sich eine schöne Aussicht flußauf-
wärts auf einen der meist besuchten Wasserfälle des Riesengebirges.

🌸   Über eine 10 m hohe Granitstufe stürzt sich der **Mumlavský vodopád** -
der Mummelfall - hier mitten im Wald in die Tiefe. Über die flachen Uferfelsen
laufen wir leichtfüßig bis an den tosenden Wasservorhang heran. Am Fuße der
weißen Wasserschleier schimmert es merkwürdig grünlich. Wirbelnde Wasser-
strudel und rotierende Geröllbrocken haben im Granitgestein des Flußbettes kes-
selartige Vertiefungen ausgemahlen. Der Phantasie wachsen geradezu Flügel und
haucht den bizarr geformten Wassertöpfen Leben ein, den sogenannten *Čertova
oka* - den Teufelsaugen.

Auch an vielen anderen Stellen entlang des Flusses sind diese Strudeltöpfe
bzw. Riesentöpfe zu entdecken. Manche sind bis zu 6 mal 7 m groß und über

2,5 m tief. Während Gelb über die Brücke in Richtung Rokytnice nad Jizerou (Rochlitz an der Iser) verschwindet, wandern wir auf einem schmalen Wurzelpfad orographisch rechts der Mumlava flußaufwärts.

Jedoch schon knappe 10 Min. später stoßen wir wieder auf die Fahrstraße, die sich als blaue Route entlang des Flusses gemächlich talauwärts windet. Im Frühjahr schmücken u.a. gelbe Sumpfdotterblumen und rote Pestwurz die Ufer. Zahlreiche sonnige Plätzchen an den Fels- und Wiesenufern verführen unterwegs zum Rasten. Nahe des Talschlußes wartet ein kleiner **Picknickplatz** (⌛ 1½ Std.) mit Tisch, Bänken und Abfalleimer auf Gäste.

✋   Vom Picknickplatz zweigt ein breiter Waldweg den Hang hoch ab. Er ist auf den Karten jedoch nicht eingezeichnet und mündet in den Gebirgsweg *Vosecká cesta*.

Kurz danach passieren wir den Mummelzufluß **Vosecký potok**. Wenig später zweigt ein weiterer Wanderweg bergauf ab.

☺   Der Aufstieg zur Vosecká bouda läßt sich hier über den rot markierten Weg abkürzen. Immer geradeaus steil bergauf aufsteigen und die Fahrstraße am Kreuzungspunkt nad Krakonošova snídaně queren. Ein Stück höher mündet der steile Weg wieder in die Fahrstraße. So lassen sich zwei lange Straßenkehren abschneiden.

Geradeaus sind es noch etwa 200 m bis zum großen Kreuzungspunkt **Krakonošova snídaně** (Rübezahls Frühstück) (1030 m) (⌛ 1.40 Std.) im Talschluß, wo sich die Fahrstraße nun als gelbe Route nach Norden in Richtung Vosecká bouda aus dem Tal hoch schwingt. Auf halber Höhe weicht der Wald zurück und gibt den Blick frei über den Mummelgrund.

An der nächsten Weggabelung verlassen wir endgültig die Fahrstraße und steigen mit Gelb durch lichten Fichtenwald weiter zum Hauptkamm hinauf. Links und rechts des Weges plätschert überall Wasser zwischen dicken Moospolstern und Blaubeerbüschen. Schließlich taucht an der Waldgrenze die **Vosecká bouda** auf (1250 m) (2½ Std.). Die Wosseckerbaude mit ihrem reizvollen Holzinterieur zählt zu den klassischen Bergbauden im Riesengebirge. Sie wurde Mitte des 18. Jh. als Unterkunft für Waldarbeiter errichtet. Seit 1896 wird sie für touristische Zwecke genutzt und ist heute im Besitz des Klubs der tschechischen Touristen.

🛏 B   Vosecká bouda, 51246 Harrachov, ☎ 481 529 610, Mobil: 602 439 529,
FAX 481 529 477, 🕐 01.06. bis Mitte Oktober und Mitte Dezember bis März
10:00 bis 17:00 Uhr, keine Übernachtung.

🏔   Von ihrem Logenplatz knapp unterhalb des Gipfelkammes überschaut die
Vosecká bouda den gesamten Mummelgrund und weit nach Westen das Gebirgsvorland bei Tanvald.

Vor der Baude setzt sich unsere gelbe Route geradeaus weiter fort steil den
Berg hoch. Bald gabelt sich der Weg. Gelb wendet sich nach rechts auf einen
Pfad, der zwischen Knieholzbeständen bequem aufsteigend die letzten 300 m zur
Staatsgrenze (☞ Reise-Infos von A bis Z, Grenzübergänge) auf dem Haupt-
kamm zurücklegt und am Wege-T **Tvarožník** (Quargsteine) (1.322 m) endet.

🏔   Unvermittelt ergibt sich oben eine phantastische Aussicht. Gegen Norden
breitet sich der Talkessels von Jelenia Góra (Hirschberg) zu unseren Füßen aus, im
Nordwesten erhebt sich die markante Spitze Szrenica (Reifträger) mit der polnischen Baude, der Wetterwarte und der Sesselliftbergstation oberhalb von
Szklarska Poręba (Schreiberhau) und im Westen schweift der Blick über das Isergebirge.

Hier auf dem Hauptkamm - dessen westlicher Teil vom Slezský hřbet (Schlesischen Kamm) gebildet wird - beginnt der **Freundschaftsweg**. Wir kehren der
Szrenica den Rücken zu und wandern nun auf dem rot markierten Grenzweg
rechter Hand um die kompakten Granitfelsen **Tvarožník** herum. Überwiegend
über polnisches Hoheitsgebiet zieht der sandige Fahrweg sanft ansteigend den
breiter werdenden Hauptkamm hinauf. Wir folgen der "klassischen" Tour, die von
West nach Ost über die Gipfel hüpft. Immer höher werden die Berge. Immer wieder verharren wir. Eine Aussicht scheint atemberaubender als die andere.
Bei der ehemaligen **Česká budka** (Tschechische Bude) (1.417 m) (🕐 3 Std.)
öffnet sich ein weites Hochland mit Borstgraswiesen und ausgedehnten Hochmooren. Es ist die Labská louka, die Quellwiese der Elbe. Dort bietet sich ein kurzer Abstecher (☞ nächste Seite) zur Elbquelle an.
Während des Aufstiegs zur nächsten Gipfelkuppe genießen wir einen fantastischen Ausblick nach Norden über das polnische Flachland um Jelenia Góra und
nach Südosten über die Labská louka. An deren Ende erhebt sich der monströse

🌿 **Pramen Labe** ⇔ ➲ 1 km ⌛ 15 Min. ↑↓ 30 m

Die 500 m leicht bergab auf dem *Česká cesta* (Böhmischer Steig) genannten gelben Weg sind schnell überwunden. Im 17 Jh. flüchteten böhmische Protestanten auf diesem alten Salzhandelsweg über den Kamm nach Schlesien und fanden dort eine neue Heimat. Die **Pramen Labe** (1.387 m) wurde am 19.09.1684 vom Bischof von Hradec Králové (Königgrätz), Johann von Tallenberg, zum ersten Mal geweiht, um die Dämonen zu vertreiben. Auf tschechisch wird die Elbquelle auch als Labská studánka bezeichnet.

Den symbolischen Quelltopf faßt ein heute Betonring. Angeblich sollen Wünsche in Erfüllung geben, wenn eine Münze hineingeworfen wird. Eine richtige Quelle gibt jedoch es nicht. Die Elbe entspringt tatsächlich in den umgebenden Quellwiesen. An dem bekannten Pilgerort fesselt einen vor allem das Werk des bildenden Künstlers Jíří Škopek. Auf dem langen Denkmal sind entlang der stilisierten Elbe und ihren Hauptnebenflüssen die 26 Städte in Form von Glasmosaiken dargestellt, durch die der Strom fließt. Daneben wurde eine Gedenktafel für Jan Buchars errichtet, ein tschechischer Förder des Tourismus. Auf dem gleichen Weg geht es wieder zurück.

Betonklotz der Labská bouda (Elbfallbaude) - ein besonders häßlicher flügelartiger Bau - über dem jäh abfallenden Labský důl.

⇧   Die Kuppe **Violík** (1.472 m) wird von einer kleinen Felsgruppe abgeschlossen (☞ Land und Leute, Geologie). Sie verdankt ihrem Namen dem Veilchenmoos. Irrtümlich wurde angenommen, daß die Steine mit der Algenart Trentepohlia iolithus bewachsen sind, die bei Feuchtigkeit einen schwachen Veilchengeruch verströmt. Aber diese Algenart wächst hier oben nicht. Sie ist allerdings an den Felsblöcken in den Moränen oder im Flußbecken der Wildbäche zu finden. Jedenfalls die garantiert "echten Veilchensteine", die gerne als Souvenir verkauft werden, können irgendwo im Riesengebirge gesammelt worden sein. Ihrem Duft wurde meist mit künstlichen Essenzen nachgeholfen.

Über einen kleinen Sattel erreicht der Freundschaftsweg die polnische TV-Relaisstation im Gebäude der ehemaligen Schneegrubenbaude. Daneben türmen sich die verwitternden Granitfelsen der **Krakonošova kazatelna** (1.490) (⌛ 3¼ Std.), der Rübezahl Kanzel auf oder wie die Polen sie nennen *Czarcia Ambona*. Vom Picknickplatz aus erleichtern Stufen die Besteigung.

Die Elbe stürzt sich in den tiefen Labský důl (Elbgrund)

❧   Wenige Schritte weiter fallen urplötzlich die lodrechten Felsrinnen der Śnieżne Kotly (tschech. Sněžné jámy) (☞ Land und Leute, Geologie bzw. Flora und Fauna) in die bis zu 200 m tiefen Abgründe. Selbst im heißesten Sommer finden sich in den gewaltigen, zerklüfteten Felswänden des Doppelkars noch kleine Schneefelder. Sie gaben den Schneegruben ihren Namen. Im unteren Teil riegeln hohe Moränenwälle die Geröllkegel und Gletscherseen ab.

Seit 1933 stehen die Schneegruben wegen ihres Pflanzenreichtums unter Naturschutz. Eine weitere Besonderheit: im Westflügel der kleinen Schneegrube (pol. Mały Kocioł Śnieżny) durchstößt ein Basaltgang auf 1.400 m den Granit. Es ist das höchstgelegene Basaltvorkommen Europas. Eine dunklere Färbung im Gestein markiert die Stelle.

Auf dem Trampelpfad direkt entlang der Abbruchkante sind grandiose Tiefblicke zu erleben. Einige gesicherte Aussichtspunkte erlauben einen noch besseren Ausblick.

☺   Im Nebel lieber an den zurückgesetzten Langlaufstangen orientieren. Ca. 200 m weiter steigt die gelbe Route nach Süden zur Labská bouda ab. Der

Freundschaftsweg folgt aber nach Osten weiter der Abbruchkante der großen Schneegrube (pol. Wielki Kocioł Śnieżny).

⇧   Östlich der Schneegruben erhebt sich in majestätischer Ruhe der **Vysoké Kolo** (1.508 m) (Hohe Rad). Auf dem höchsten Gipfel des westlichen Riesengebirges steht seit 1888 eine steinige Pyramide als Denkmal für den deutschen Kaiser Wilhelm I. Der Freundschaftsweg biegt jedoch schon vor dem Gipfel ab. Gespannt treten wir den Abstieg aus luftiger Höhe an. Über die gigantischen, steil abfallenden Geröllhalden auf der Nordflanke windet sich spektakulär der aus mächtigen Steinquadern gebaute alte Kammweg rasant hinab. Die massiven Felsblöcke sind mit Flechten und Moosen überwachsen, die im Sonnenlicht grün-gelb aufleuchten.

In mehr als einem Jahrhundert haben Tausende Sohlen von Riesengebirgstouristen die dem Geröll entrissenen Granitblöcke glattgewetzt. Der Gehsteig endet auf dem anschließenden Sattel. Nach Norden setzt sich ein blauer Pfad ins polnische Tiefland ab.

   Bei Nässe können die Steinblöcke eventuell etwas glitschig sein.

⇧   Wir wechseln jedoch die Kammseite und überschreiten den Südrücken des Berges **Śmielec** (1.424 m) (Große Sturmhaube). Der Pfad ist zunächst mit groben Steinen übersät und versucht, uns zum Stolpern zu bringen. Abrupt ändert sich am höchsten Punkt das Bild. Die Knieholzbestände werden wieder von einem Geröllfeld abgelöst, über das sich in Kehren wieder ein Stück des alten Kammweges zum Černé sedlo (Schwarzer Paß, pol. Czarna Przełęz) hinab schlängelt.

An der Kreuzung **sedlo nad martinovou boudou** (1.360 m) (⧖ 4 Std.) zweigen wir bei der Schutzhütte mit Blau zur nächstgelegenen Baude ab. Die tschechische **Martinova bouda** (1.255 m) (⧖ 4 ¼ Std.) liegt 1 km abseits des Freundschaftsweges im Schatten des Gipfels Vysoké Kolo. Über einen stufigen Wanderweg und mehrere mit Stegen überbrückte Bäche verlieren wir rasch an Höhe. Wie ein Adlerhorst klebt das gemütliche uralte, dunkle Holzhaus aus dem 17. Jh. am Hang und späht aus über den tief eingeschnitten Martins- und Elbgrund nach Šplinderův Mlýn in der Ferne. In der Martinsbaude ist übrigens die Tennisspielerin Martina Navratilova geboren und aufgewachsen.

🛏 B   Martinova bouda, c.p. 29, P.O. Box 57, 54351 Šplinderův Mlýn,

☎ 499 422 235, Mobil 603 985 013, ✉ <martinovabouda@volny.cz>,

💻 <www.volny.cz/martinovabouda>, 🍴 ganzjährig 8:00 bis 22:00 Uhr, pro Nacht € 15/Pers., mit Frühstück € 17/Pers., Kinder 3 bis 12 J. € 10, exzellente Küche (bekannt für Wildgerichte).

☹   Die Martinova bouda ist zwar eine der schönsten des Riesengebirges - alleine schon wegen des Ausblickes von der verglasten Eßgalerie - leider ist es nicht selbstverständlich, daß müde Wanderer hier Aufnahme finden. Die jungen Pächter der Martinsbaude ziehen die Bequemlichkeit dem Gewinn so manches Mal vor.

Wurden die Füße erst einmal hochgelegt, nützt meistens die beste Überredungskunst nichts. So kommt es öfters vor, daß Übernachtungsgäste abgewiesen werden, obwohl die Baude weder geschlossen noch voll ist.

☺   Als Ausweichmöglichkeit bietet sich die benachbarte **Fučíkova Bouda** (die ehemalige Bradlerbaude) an. Sie schmiegt sich 1 km weiter und 65 Höhenmeter tiefer an einen Ausläufer des Śmielecs. Von der Martinsbaude 700 m auf dem Wirtschaftsweg bergab wandern und an der ersten Weggabelung nach links die letzten 300 m steil durch ein Wäldchen hinab laufen. Auch diese Baude kann sich einer gemütlichen Gaststube und eines herrlichen Ausblickes über die Elbgründe bis nach Šplinderův Mlýn am Fuße des böhmischen Kammes rühmen.

🛏 B   Fučíkova Bouda, ☎ 499 422 056 🍴 ganzjährig, Kč 450/Pers. mit Frühstück.

Etappe 2: Martinova bouda - Luční bouda

➲   14 km
⧖   4 Std.
⇕   ↑ 440 m , ↓ 255 m
✿   Mužské kameny, Dívčí kameny, Polední kámen, Wielki und Mały Staw

Die Route hoch über dem Talkessel von Jelenia Góra und Karpacz über den Spindlerpaß zur Sněžka gehört zu den landschaftlichen Höhepunkten des Freundschaftsweges. Herrliche Aussichten wechseln sich ab mit bizarren

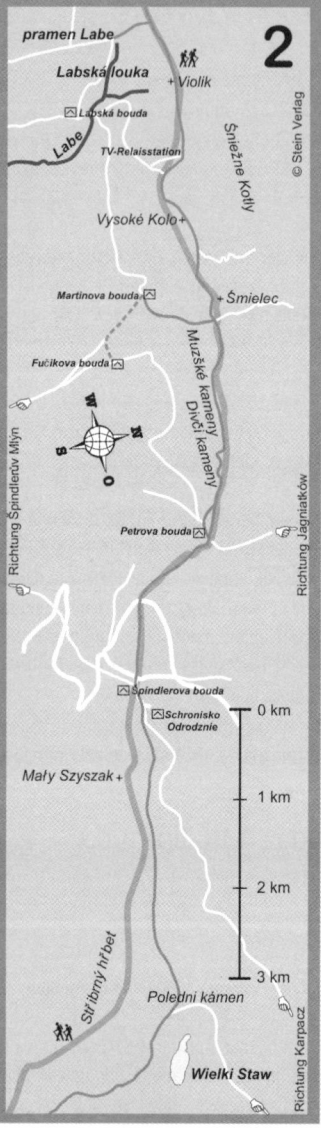

Felsformationen. Steinige Wege prägen den Charakter dieser Etappe und machen das Gehen streckenweise etwas mühselig.

Von der **Martinova bouda** steigen wir in wieder zurück hoch zum Freundschaftsweg, wo wir seinen roten Zeichen auf der Grenze entlang weiter nach Osten folgen. Nicht weit entfernt von der Kreuzung auf dem **Černé sedlo** (1.350 m) erinnert rechter Hand des Weges der *Kalmanův pomník* an den Bergmann Richard Kalman, der hier am 14.01.1929 in einem Schneesturm ums Leben kam.

🌸 Steil schlängelt sich anschließend wieder ein schöner Gehsteig aus Steinquadern hoch zu den **Mužské kameny** (1.417 m) (⌛ 40 Min.). Wie ein Stapel frischer Pfannkuchen krönen die aufeinander gelagerten massigen Felsbrocken den Gipfel.

💡 Die skurril verwitterten Felsen der Mannsteine sind prächtige Aussichtsplätze über den Hauptkamm: Nach Süden auf den Böhmischen Kamm, zwischen dem Šplinderův Mlýn eingebettet liegt und zur anderen Seite über den Hirschberger Kessel bis nach Szklarska Poręba.

🌸 Von der mit Granitblöcken bedeckten Kuppe senkt sich der alte Gehsteig

Die skurrilen Felshaufen der Dívčí kameny

hinab auf einen kleinen Sattel. Über einen sehr grobsteinigen Pfad durch Knieholzbestände erreichen wir die benachbarten **Dívčí kameny** (1.413 m). Der Name
Mädelsteine beruht auf dem unglücklichen Tod einer jungen Sennerin, die einst im
Sommer während eines Schneesturmes an dieser Stelle umgekommen sein soll.
Wie die Mannsteine eignen sich die leicht zu erklimmenden verwitterten Stein-
gruppen (☞ Land und Leute, Geologie) ausgezeichnet als Rastplätze mit Fern-
blick.

Der Freundschaftsweg streift rechter Hand an den Felstürmen vorbei und
stürzt sich dann genau auf der Grenze entlang zum Spindlerpaß hinab. Auf dessen gegenüberliegender Seite ist schon die polnische Baude und die Šplinderova
bouda zu sehen ist. Während des Abstiegs kann über einen kleinen Umweg
(Gelb, dann Blau zurück) auch eine kleine Verschnaufpause in der tschechischen
Petrova bouda (1.288 m) eingelegt werden. Sie schaut 200 m abseits des Weges
über den Talkessel von Šplinderův Mlýn (☞ Etappe 10) aus.
Die Peterbaude entstand 1811 als Sommerunterkunft für die Weidewirtschaft
und wurde später umgebaut und vergrößert. Seit dem 19. Jh. residieren Touristen
hier. Die düstere, große Eingangshalle ist wenig einladend, dafür entschädigt der

tolle Blick aus der freundlichen Gaststube - an schönen Tagen sogar bis hin zur der Sněžka.

🛏 B   Petrova bouda, Šplinderův Mlýn 89, 54351 Šplinderův Mlýn,

☎ u. FAX 499 523 266, Mobil: 603 331 514 o. 605 874 191,

✉ <petrovabouda@volny.cz>, 🖥 <www.petrovabouda.cz>, 150 Betten,

🍴 ganzjährig, Kč 150/Pers., mit Frühstück Kč 200/Pers., mit Frühstück und Abendessen Kč 250/Pers..

Am unteren blauen Abzweig zur Petrova bouda mündet unser Pfad in einen Asphaltweg. Wenig später passiert dieser die Wegverzweigung pod petrovou boudou und durchquert den **Slezské sedlo** (1.178m) (⏳ 1 ½) (Schlesischer Paß). Die tiefste Einsattelung des Hauptkammes birgt ein idyllisches Feuchtwiesenge-biet. Am Rande der dunklen Wasserlöcher wachsen Sonnentau und andere sel-tene Pflanzen (☞ Land und Leute, Flora und Fauna). Sobald der Asphaltweg scharf nach Süden abknickt, hält sich der Freundschaftsweg weiter ostwärts auf einem breiten Kiesweg und zieht geradeaus über die niedrige Kuppe **Ptasi Kamień** (1.213 m) (Vogelberg) durch gespenstisch abgestorbenem Fichtenwald.

Dahinter erreichen wir den **Przełęcz Karkonoska** (1.198 m). Der Spindlerpaß ist der bequemste Übergang über den Kamm nach Polen. Vom Zollgebäude lin-ker Hand führt eine blau markierte Fahrstraße nach Przesieka (Hain) in Polen hinab. Am anderen Ende des großen Parkplatzes befindet sich die tschechische **Špindlerova bouda** (⏳ 1 ¾). Das markante mehrstöckige Gebäude mit seinen grünen Dächern wirkt von innen nur groß und ziemlich unpersönlich. Es steht an der Stelle, auf der 1824 der Schulze Spindler aus Bedřichov die ursprüngliche Spindlerbaude errichten ließ.

🛏 B   Špindlerova bouda, Šplinderův Mlýn 108, 543151 Šplinderův Mlýn, ☎ 499 433 342, 🍴 im November geschlossen, 🍴 9:00 bis 17:00 Uhr, 150 Betten Kč 320/Pers mit Frühstück, Touristenklasse Kč 220/Pers mit Frühstück, mit Abendessen + Kč 80.

🚐   Špindlerova bouda - Šplinderův Mlýn, täglich von 9:00 bis 17:00 Uhr jede volle Stunde, 16.06. bis 31.10. jede Std. ab 07:00, Kč 40.

Auf der tschechischen Seite reihen sich ein kleines Stück bergab entlang der Fahrstraße hoch zum Spindlerpaß weitere Bauden aneinander.

🚪 B   Erlebachova bouda, Špindlerův Mlýn 109, 543151 Špindlerův Mlýn, ☎ u.
        FAX 499 523 329, ✉ <erlebachova.bouda@spmlyn.com>, 🖥 <www.erle-
        bachovabouda.cz>, 86 Betten, Kč 360 bis 700/Pers..

♦   Josefova bouda, Špindlerovska 194, 543151 Špindlerův Mlýn, ☎ 499 523
        422, ✉ <josefova.bouda@spmlyn.com>, 35 Betten, Kč 220 bis 370/Pers..

🚪 P   Chata pod Šišákem, Špindlerův Mlýn c.p. 190, 543151 Špindlerův Mlýn,
        ☎ 499 523 217.

♦   Pension David, 34 Betten, Kč 360 bis 400/Pers., 🏠 Erlebachova bouda

♦   Villa Tereza, 14 Betten, Kč 460 bis 500/Pers., 🏠 Erlebachova bouda

Die Schlittenbahn der Špindlerova bouda

Der Spindlerpaß war früher ein beliebter Ausgangspunkt für Schlittentouren . In
der Umgebung von Špindlerův Mlýn wurde seit eh und je Schlitten gefahren -
noch vor dem Skifahren. Damals wurde das Holz mit großen Hörnerschlitten auf
extra hergerichteten Wegen zu Tale gebracht. Ein erfahrener Gebirgler konnte
zwei Kubikmeter Holz auf einmal bergab steuern. Dagegen waren zwei Fahrgä-
ste ein Kinderspiel. Zuerst rodelte man von der Špindlerova bouda und Petrova
bouda auf die schlesische Seite hinunter, später auch auf die böhmische Seite
nach Špindlerův Mlýn. Mit den schnelleren Sportschlitten wurden sogar Wettkämpfe ausgetragen. In den letzten Jahrzehnten ist das Schlittenfahren in Ver-
gessenheit geraten. Doch 2002 wurde versuchsweise wieder eine Schlittenbahn
eingerichtet. Die 4 km lange Bahn beginnt unterhalb des Berges Malý Šišák und
endet an den Dívčí lávky bei Špindlerův Mlýn.

Von der Špindlerova bouda schwingt sich eine kurze Fahrstraße zu der etwas
höher gelegenen polnischen Baude **Schronisko Odrodzenie** (1.232 m) (Auferste-
hung) hinauf, die eine fantastische Fernsicht über den Hirschberger Kessel bis
zum Isergebirge genießt.

🚪 B   Schronisko Odrodzenie, 58540 Presieka, ☎ 075/7522546, 80 Betten

Der Freundschaftsweg löst sich jedoch schon vor der Baude von der Fahr-
straße und klettert rechts daran vorbei einen breiten, steinigen Korridor zwischen
Knieholzbeständen hoch. Der steile Anstieg führt über den Nordhang des **Mały
Szyszak** (tschesch. Malý Šišák) (1.440 m) (Kleine Sturmhaube). Sie ist trotz ihres

Namens kurioserweise ganze 16 Meter höher als die große Sturmhaube. Ein grüner Abzweig hinab nach Karpacz bleibt unbeachtet. Wir umgehen den Gipfel nordseitig auf der polnischen Seite.

🏔 Während des Aufstiegs ergeben sich beeindruckende Aussichten in die Kotlina Jeleniogórska (Hirschberger Kessel) und auf die Bergketten, die diesen Kessel umschließt: im Westen Wysoki Grzbet (Hoher Iserkamm), im Norden Gory Kaczawaskie (Bober-Katzbach-Gebirge), im Osten Rudawy Janowickie (Landshuter Kamm) und entlang des Hauptkammes zurück bis zu den markanten Felsgraten der Śnieżne Kotły, die von der ehemaligen Schneegrubenbaude gekrönt werden.

An der nächsten Weggabelung weist das Zeichen der Luční bouda nach rechts auf die Winterstrecke für Langläufer. Wir müssen uns hier aber nach links halten. Der steinige Wanderweg zieht weiter auf polnischem Gebiet sacht ansteigend südlich der kleinen Kuppe **Tępy Szczyt** (1388 m) (Kleines Rad) vorbei, quert die nördlichen Steilabfälle der Kocioł Smorgorni und gelangt schließlich zu den **Polední kámen** (1.423 m) (⧗ 3 Std.) (Mittagsstein, pol. Słonecznik).

🌿 Mit seinem Namen ist eine interessante Begebenheit verbunden. Das wuchtige, von weitem sichtbare Granittor Polední kámen diente den Bergbauern im schlesischen Gebirgsvorland lange als natürliche Uhr. Nämlich genau zur Mittagszeit steht die Sonne über den grauen Felsmassen. Er wurde früher auch Mannstein genannt, da seine nördliche Partie einem männlichen Gesicht ähnelt.

Eine gelbe Route steigt von der Felsformation über die Pielgrzymy (Dreisteine) hinunter ins polnische Karpacz ab. Der Kammweg verschwindet aber zwischen Latschenkiefern in südöstliche Richtung. Erneut taucht kurz danach ein grüner Abzweig nach Karpacz ab. Bei den letzten Überresten der Prinz-Heinrich-Baude, die 1947 unter ungeklärten Umständen abbrannte, tut sich unerwartet ein gähnender Abgrund auf.

🌿 Ein Holzgeländer verhindert, daß der ahnungslose Wanderer buchstäblich den Boden unter den Füßen verliert. Es ist der **Wielki Staw** - der Große Teich. Er liegt am Grund eines Kars, dessen Felswände mehr als 120 m hinabstürzen. Der von einem Moränenwall aufgestaute, schöne Bergsee ist der größte natürliche See des Riesengebirges.

Der Gletschersee Mały Staw mit der Schronisko Samotnia

Sein kleinerer, fast kreisrunder Bruder **Mały Staw** (Kleiner Teich) nebenan ist
nicht weniger beeindruckend. An dessen Ufer paßt sich die Silhouette der Schronisko Samotnia (Kleine Teichbaude) in die atemberaubende Szenerie ein. Das
schmucke Holzhaus ziert ein Glockentürmchen. Weiter oben thront die größere
Schronisko Strzecha Akademicka (Hampelbaude) an der Ostflanke des Kars. Und
in der Ferne erstrecken sich die Ortsteile von Karpacz (Krummhübel) über das
hügelige Gebirgsvorland.

Entlang der Abbruchkante weist uns die unverwechselbare Spitze der Sněžka
im Osten den Weg zur welligen Hochebene **Obří plán** (Koppenplan). An der
Wegverzweigung **Jantarová cesta** geht Rot geradeaus zum Abzweig Mały
Staw/Karpacz und auf dem kürzesten Weg zur Sněžka. Der schönere Weg zur
Sněžka weicht jedoch kurzfristig vom Freundschaftsweg ab. Mit Gelb biegen wir
nach Süden auf einen breiten Sandweg ab, der halbwegs die tschechische Grenze
(☞ Reise-Infos von A bis Z, Grenzübergänge) überschreitet und nach 1 km auf
die **Luční bouda** (1.410 m) (⌛ 4 Std.) stößt.

Zwar läßt die größte Berghütte des Riesengebirges den Charme der alten
Almbauden vermissen - mit an die 200 Zimmern ein wahres Monstrum, doch
besitzt die Wiesenbaude die berühmteste Aussicht des Riesengebirges.

📷 Im Süden wird das Plateau von den beiden Kuppen Luční hora (Wiesen-berg) und Studniční hora (Brunnberg) begrenzt. Letzterer ist mit 1.554 m der höchste Gipfel des anschließenden Böhmischen Kamms und der zweithöchste des Riesengebirges.

Im Osten ragt hinter der rauhen Hochwiesenfläche des Obří pláň die seltsam pyramidenförmige Spitze der Sněžka auf. Eingetaucht in das goldene Licht der Abendsonne bietet die Königin des Riesengebirges einen sagenhaften Anblick - durchqueren wir doch schließlich Rübezahls Reich (☞ Land und Leute, Rübezahl). Und wo anders sollte der Herrscher der Berge leben, als auf dem höchsten Gipfel?

🛏 B   Luční bouda, 54221 Pec pod Sněžkou, ☎ 499 736 144, 🛏 ganzjährig, 🍴, 200 Betten, Kč 150/Pers. ohne Frühstück, mit Frühstück Kč 200/Pers.

☹   Bis ein neuer Besitzer gefunden ist, bleibt das Restaurant vorerst geschlos-sen. Nur der Kiosk ist zur Zeit geöffnet (auch Kleinigkeiten wie Würstchen oder Suppe). Übernachtung möglich, allerdings ist die Heizung außer Betrieb, Kč 100 ohne Heizung und Frühstück. Voraussichtlich ab Juni 2003 wieder vollständig in Betrieb.

☺   Ungenügende Investitionen und Geldmangel in den letzten Jahrzehnten haben der Luční bouda nicht gut getan. Aber trotz allem lohnt es sich ein paar Tage zu verweilen. Die Baude ist ein ausgezeichneter Ausgangspunkt für etliche interessante Rundtouren in der Umgebung, die zu den spektakulärsten des Rie-sengebirges zählt. U.a. das wildromantische Tal Obří důl, auf dem Schlesierweg über Studniční hora und Luční hora nach Pec pod Sněžkou, durch den wilden Důl Bílého Labe oder auf die polnische Seite hinab zum Mały Staw, zur norwegischen Stabkirche Wang bei Karpacz und natürlich nicht zu vergessen die Sněžka.

Die Wiesenbaude

Die älteste, größte, berühmteste, abgelegenste Berghütte und deren Attribute noch mehr - das ist die Luční bouda. Sie steht inmitten einer ausgedehnten Hochebene, der Bílá louka (Weiße Wiese), an die die nicht minder große Hoch-fläche Čertova louka (Teufelswiese) im Westen anschließt.

Gleich mehrere Legenden erklären die Entstehung der Baude. Laut einer Geschichte kam einst eine protestantische Familie auf der Flucht aus Böhmen nach Schlesien hierher. Eine andere berichtet von einem Liebespaar, das gerade hier an der Quelle der Bílé labe (Weiße Elbe) ihr Paradies gefunden hat. Die bekannteste handelt von zwei adligen Brüdern, die wegen des Erbes in Zwietracht gerieten. Der jüngere versteckte sich aus Angst um sein Leben völlig erschöpft und krank hier oben. Als der Bruder ihn fand, erbarmte sich dieser ob seines Zustandes. Wo sie sich aussöhnten, erbauten sie zur Erinnerung später eine Baude für Wallfahrer.

Das älteste Zeugnis ist ein Stein mit der Jahreszahl 1623. Die tatsächliche Gründung der Baude fand aber mindestens um fünfzig Jahre früher statt. Als erste im Riesengebirge war die Wiesenbaude ganzjährig bewohnt. Seit ehedem fanden Wanderer im Heu ein Nachtlager. Der zunehmende Gästestrom in der zweiten Hälfte des 19. Jh. veranlaßte den damaligen Besitzer Wenzel Hollmann, einen Gastraum anzubauen. Sein Gespür fürs Geschäft gab ihm Recht. Er leitete die Umwandlung des Landwirtschaftsbetriebes in eine Herberge ein.

Den größten Auftrieb erlebte die Baude in den Händen der tüchtigen Familie Bönsch aus Velká Úpa. 1886 erwarben sie die Hütte mit 7 Gastzimmern. 1894 waren es schon 14. 1896 betrug die Zahl 30 und im darauffolgenden Jahr 45. Nach mehreren Umbauten schnellte letztendlich kurz vor dem ersten Weltkrieg die Kapazität auf rekordmäßige 120 Zimmer, dazu einige Gasträume, Restaurant, Bäckerei, Käserei, Stallungen und Heuschober.

Trotz zahlreicher Brände wurde sie immer wieder neu aufgebaut. Verheerend war allerdings das Feuer am 2. Oktober 1938, als tschechoslowakische Soldaten - als ein Akt des Widerstandes gegen die Nazis während der Sudetenkrise - die Baude in Brand steckten und diese völlig niederbrannte. Ihr heutige Gestalt erhielt die Wiesenbaude in den Jahren 1939 bis 42, um während des Krieges als Ausbildungszentrum der Hitlerjugend und der Verbindungsfrauen der deutschen Luftwaffe "Blitzmädel" zu dienen.

Etappe 3: Luční bouda - Pomezní boudy

⮑   11,5 km

⧖   2½ Std.

⇕   ↑ 320 m , ↓ 715 m

⚘   Úpské rašeliniště

⇧   Sněžka, Svorová hora

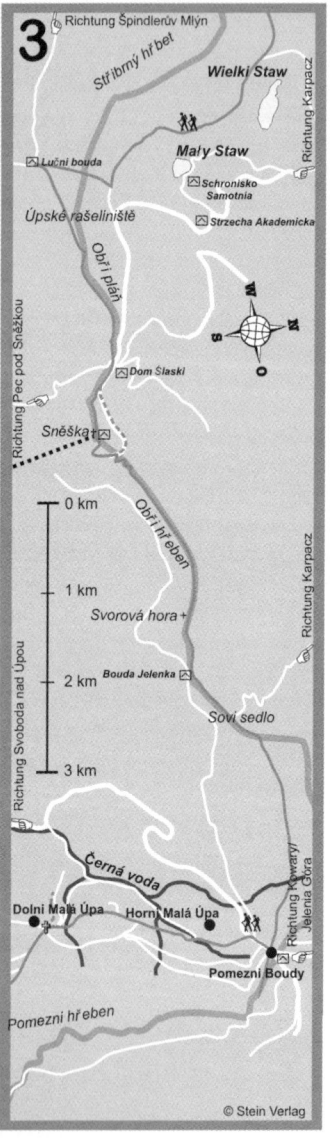

Die letzte Etappe des Freundschaftsweges widmet sich ganz dem berühmtesten Berg des Riesengebirges, der Sněžka. Rundherum läßt sich ebenfalls einiges entdecken. Sobald der Gipfel einmal erklommen ist - bei starken Winden kein leichtes Unterfangen - heißt es eigentlich fast nur noch abwärts bis zu den Pomezní boudy.

Direkt vor der Eingangstür der **Luční bouda** beginnt an der Wegkreuzung die blau markierte *Schustlerova cesta*, die ostwärts genau auf die Sněžka zuläuft. Der breite Sandweg wurde nach dem Prager Professor František Schustler benannt, der sich schon im Jahre 1923 für die Einrichtung eines Nationalparks Riesengebirge einsetzte.

Nichts stört die Einöde der Hochfläche. Nur im Süden bleibt der Blick an einem einsamen Kreuz hängen. Das schmiedeeiserne Mahnmal am Schlesierweg gedenkt des ehemaligen Wiesenbaudenbesitzers Jakob Renner. Obwohl er sein ganzes Leben auf der Wiese Bílá louka verbracht hatte, verirrte er sich am 11. April 1868 in einem Schneesturm und erfror nur 300 m entfernt von der Baude im Schnee. Dahinter trotzt oben auf dem

Der klassische Blick: über die Wassertümpel des Torfmoores Úpské rašeliniště auf die Sněžka

Luční sedlo eine kleine Kapelle den Elementen. Gebaut wurde sie für den Onkel Jakob Renners, der dort im Juli 1798 beim Holztransport verunglückte. Heute ist sie eine Gedenkstätte für die Opfer der Berge.

🌿   Bald erreichen wir das Hochmoorgebiet **Úpské rašeliniště** (Auper Moor). Die ausgedehnten Torfmoore mit seichten kleinen Seen breiten sich in einer Senke inmitten von Knieholzbeständen aus. Die Flüsse Bílé Labe und Úpa entspringen hier. Mit einer Fläche von 72,8 ha ist es eines der größten Quellgebietsmoore des Riesengebirges und wurde 1952 zum Naturreservat erklärt. Massive Bohlenstege überspannen die Wasserabschnitte.

☺   Der Blick über die schillernden Wasserflächen des Moores mit der hochaufragenden Sněžka im Hintergrund ist das beliebteste Postkartenmotiv.

Gemächlich wandern wir dann entlang der Staatsgrenze durch Latschenkieferbewuchs auf der **Úpská hrana** (Auper Kante) hinab. Schon von weitem ist die polnische Baude Schronisko pod Śnieżką zu sehen, die heute **Dom Śląski** (1395 m) (⌛ ½ Std.) (Schlesierhaus) heißt. Dort mündet unsere blaue Route wieder in den Freundschaftsweg.

🛏 B   Dom Śląski, ☎ 075/7619275, keine Übernachtung

Das auffallend gelbgestrichene Berghaus ruht auf einem schmalen Sattel am Fuße der Sněžka. Die Nordseite beherrschen die beeindruckenden Steilabstürze der Dolina Łomniczki (Melzergrund). Vis-à-vis stand ehemals die tschechische Obří bouda (Riesenbaude), die jedoch langsam verfiel und 1982 abgerissen wurde. Auf deren Südkante rutschen die schroffen Felswände in die Úpská jáma (Auper Grube), den höchsten Teil des Obří důl (Riesengrund).

⇧   Am Ostende des Sattels erklimmt der Freundschaftsweg als steiler Zickzackweg den Westrücken der **Sněžka** (1.602,3 m) (⌛ 1 Std.) (Schneekoppe), der wundervolle Blicke in die tiefeingeschnittenen Täler Obří důl und Dolina Łomniczki sowie auf Karpacz und weit nach Schlesien hinein erlaubt. Während des Aufstiegs kommen wir an einer Gedenktafel für V. Spusta und J. Messner vorbei. Bei einer Rettungsaktion ließen die beiden Mitglieder des Bergrettungsdienstes am 26.01.1975 hier selbst ihr Leben.

⇔ B   Schronisko na Śnieżce, ☎ 075/7675032, ⎙ ganzjährig von 08:00 bis 18:00
       Uhr , nur Imbiß, keine Übernachtung

♦   Česká bouda, geschlossen
       ⎙ tägl. außer Mo. von 10:00 bis 16:00, ♟ nur Getränke

†   St. Laurentius-Kapelle

Die Katastrophe vom Riesengrund

Die steilen Felskare rund um die Sněžka sind bekannt für ihre Lawinen- und
Murenabgänge. Doch in der Nacht zum 29./30. Juli 1897 kam es im Obří důl
zu einer Tragödie, die nicht ihresgleichen in ganz Böhmen hatte. Nach 14 Tage
Dauerregen wurden noch einmal am 29.07. Rekordniederschläge gemessen.
Auf der Sněžka gingen 239 mm pro Quadratmeter nieder, im Riesengrund im
Epizentrum des Unwetters sogar 266 mm.

   Das mit Wasser durchsetzte Erdreich war nun völlig übersättigt und geriet an
den Steilhängen regelrecht ins Fließen. Direkt vom Gipfel Růžová hora wälzte
sich nach 21 Uhr die erste Erdlawine zu Tale und zermalmte die Berghütte von
Johannes Mitlöhner. Binnen eines Augenblicks waren 5 Menschenleben ausge-
löscht - seine beiden Kinder, seine Frau und seine Eltern. Weil Johannes Mitlöhner derzeit Wachdienst auf der Riesenbaude verrichtete, entkam er als einziger
der Katastrophe.

   In der benachbarten Hütte von Johannes Bönsch, die etwa 50 m weiter nördlich stand, hatte man vorerst nichts bemerkt. Das Dröhnen und Heulen des Win-
des übertönte alle anderen Geräusche. Gegen 22 Uhr fiel den Bönschs auf, daß
die umliegenden Wiesen unter einer meterdicken Schicht von Geröll und ange-
schwemmten Stämmen begraben war. Doch da kam bereits die nächste Mure.
Die Erdlawine traf die Hütte mit solch gewaltiger Wucht, daß der gezimmerte
Unterbau einfach weggerissen wurde. Das Dach wurde in die Höhe geschleudert
und fiel genau an der Stelle nieder, wo Sekunden zuvor noch das Gebäude
gestanden hatte.

   Johann Bönsch und seine Frau konnten nach 3 Stunden wie durch ein Wunder gerettet werden. Ihr kleines Kind und eine Besucherin ertranken jedoch. Insgesamt lösten sich in der Nacht 7 Muren ab. Die größte war 750 m lang und
60 m breit.

Die Baude von Riesengrund steht inmitten prachtvoller Blumenwiesen

🎿   Lanová dráha Sněžka a.s., Pec pod Sněžkou 230, 54221 Krkonoše, ☎ /
[FAX] 499 895 137, 📧 <lanovka.snezka@pvtnet.cz>, 💻 <www.lanovkas-
nezka.cz>, 2-Sessellift Sněžka - Růžová hora - Pec pod Sněžkou, 🍴 täglich
08:00 bis 18:00 jede volle Std. (01.06. bis 30.09. bis 19:00 Uhr), einfache
Fahrt Sněžka - Pec pod Sněžkou: Kč 140/Erw., Kč 80/Kinder bis 10 J., Kinder bis 5 J. frei, Rentner ab 70 J. Kč 100, 🏆 in der Bergstation.

✋   Häufig probieren heftige Windböen einen gleich wieder hinunter zu blasen. Ketten sichern jedoch den Steinpfad. Gefährlich ist es nicht. Es scheitert
höchstens an dem nötigen Standvermögen.

☺   Wer diesen Steig als zu steil empfindet, kann auch den promenadenmä-
ßig bequemen *Jubilejní cesta (pol. Droga jubileuszowa)* -den *Jubiläumsweg* -
nehmen. Diese gepflasterte Straße wurde 1904 anläßlich des 25jährigen Jubi-
läums des Riesengebirgsvereins in die Nordflanke des silbergrauen Gipfels
gehauen. Sobald jedoch auf der Ostseite der Sněžka der Windschatten verlassen wird, gestaltet sich das letzte steile Stück auf den Gipfel bei Wind nicht minder schwierig.

An klaren Tagen reicht der Blick weit über 100 km bis nach Breslau im Nordosten, Prag im Südwesten und zum Erzgebirge im Westen. Aber schon vor 100 Jahren trübten Luftverschmutzungen die Sicht. Dank des industriellen Fortschritts mit all seinen Emissionen ist es bis zum 21. Jh. nicht besser geworden. Trotzdem begeistert das immer noch phänomenale Panorama.

Quer über das kleine, abgeflachte Gipfelplateau verläuft die tschechisch-polnische Grenze. Darum herum verteilen sich mehrere Gebäude. Die kreisrunde **St. Laurentius-Kapelle** ist das älteste von ihnen. Graf Christoph Leopold Schaffgotsch ließ sie in den Jahren 1665 bis 1681 errichten zum Dank für die Wiedergewinnung der Herrschaft und um seine neue katholische Gesinnung gegenüber dem residierenden katholischen Kaiser zu bekräftigen.

Die Zisterziensermönche aus Warmbrunn (heute Cieplice Śląskie Zdrój) wurden mit ihrem Schutz betraut. Fünfmal im Jahr fanden zu den sogenannten Koppentagen Gottesdienste statt. Hunderte von Wallfahrern, Krämerläden und Marktschreiern verwandelten den Gipfel dann in ein Volksfest. Mehrmals brannte die Kapelle ab. 1810 wurde sie nach der Ordensauflösung verweltlicht und in eine Herberge umgewandelt. 1854 erhielt die Kapelle wieder ihre eigentliche

Die Sněžka

Bestimmung zurück und fristet jetzt ein unscheinbares Dasein zwischen den anderen abbruchreifen Bauwerken. Beachtlich ist jedoch der Fußboden. Er verschwindet völlig unter einem Teppich aus Münzen und Wunschzetteln, die Pilger durch das Gitter schmissen.

Die Sněžka

Die Sněžka ist nicht nur der höchste Gipfel, sondern aufgrund seiner eigenartigen Form auch das Wahrzeichen des Riesengebirges. Die Pyramide mit einer fast dreieckigen Basis - als Karling bezeichnet - wurde durch die rückschreitende Erosion der Flüsse Úpá, Łomniczka und des Baches Jelení potok gebildet. Zusätzlichen Schliff erhielt sie durch Gletschererosion, denn von drei Seiten schlossen Kargletscher die Hänge der Sněžka ein. Als i-Tüpfelchen krönt die polnische Baude mit ihrer ufo-artigen Architektur die Spitze und gibt der Königin der Berge ihr unverwechselbares Aussehen - unabhängig davon, ob es jedem gefällt.

Der Name Sněžka - Schneekoppe - stammt vom Anfang des 19. Jh. Er leitet sich von sněžná hora ab, was soviel bedeutet wie "mit Schnee bedeckter Gipfel" bzw. "auf dem sich am längsten der Schnee hält ". Erster Tschechischer Name war Pahrbek Sněžný (Schneehügel), dann Sněžovka und seit 1823 schließlich Sněžka (pol. Śnieżka).

Der ständig wachsende Besucherandrang stellte Ende des 19. Jh. und Anfang des 20. Jh. die damaligen Baudenbesitzer vor ein großes Trinkwasserproblem. Zur Sommerzeit waren 12 Träger damit beschäftigt 400 Liter Wasser aus der Quelle Zlaty pramen in hölzernen 20-Liter Fässern heraufzuschleppen. Die Quelle lag am Rande der Łomniczka 300 m hinter der Obří bouda auf schlesischer Seite. Das waren fast 250 Höhenmeter mehrmals täglich. Im Winter wurde Schnee geschmolzen.

Das reichte aber bei weitem nicht aus. So wurde 1912 endlich ein Wasserwerk am Bach Rudný potok auf böhmischer Seite gebaut. Nun konnten täglich 2.000 bis 4.000 Liter Wasser durch eine 700 m lange Leitung und über 392 Höhenmter zur Česka bouda hochgepumpt werden. Im Jahre 1912 war dies der höchste Wasserauftrieb Europas. 1957 mußte das Wasserwerk wegen Zerfalls aufgegeben werden. Die Wasserversorgung erfolgte erneut aufwendig mit Fässern, die diesmal allerdings per Lift hochgebracht wurden, bis endlich wieder eine neue Rohrleitung von polnischer Seite aus gelegt wurde.

Die polnische Baude **Schronisko na Śnieżce** aus Aluminium, Stahlbeton, Glas und Fertigwänden beherbergt ein mehr imbißähnliches Restaurant, eine meteorologische Station und Unterkünfte für die Angestellten. Sie wurde 1976 erbaut. An ihrer Stelle stand die ehemalige Schlesische Baude, die 1850 abgerissen wurde.

Ab 1868 machte die **Česká bouda** (Böhmische Baude) der polnischen Baude Konkurrenz. Das nun völlig verwahrloste Gebäude verschandelt zur Zeit nutzlos den Gipfel. Daneben befindet sich noch die höchstgelegene **Post** der Tschechischen Republik - Echtheitsstempel inklusive - und die Bergstation der Sesselliftbahn.

In der Ferne können wir schon im Osten unser nächstes Ziel sehen - die Siedlung Pomezní boudy, zu der sich der Hauptkamm absenkt. Von der Ostkante des Gipfelplateaus folgt der rote Freundschaftsweg weiterhin der Grenze und steigt auf einem sehr steilen, steinigen Pfad auf dem Nordostrücken ab.

☺   Auch hier gibt es wieder zwei Möglichkeiten. Einfacher ist der Abstieg über den Jubiläumsweg, der ein Stück unterhalb des Gipfels im Osthang sein Anfang bzw. Ende hat. Er führt bequem abwärts zum Nordostrücken, wo wir wieder auf Rot treffen.

Nach 100 Höhenmetern kreuzt der Freundschaftsweg den Jubiläumsweg und schraubt sich als steiler Serpentinenpfad weiter nordostwärts hinab. Der Nordostrücken der Sněžka läuft nun in den felsigen, abgeholzten **Obří hřeben** (Riesenkamm) aus. Auffällig sind die Massen an losem Glimmerschiffer. Unzählige kleine Kunstwerke aus dem silbrigschwarz glänzenden Gestein bedecken den kahlen Anfang des Kammes. Vorbeiziehende Wanderer haben die Steintürme und -pyramiden über die Jahre aufgeschichtet. Zwar ist es aus Naturschutzgründen verboten, dennoch kommen immer wieder welche "über Nacht" hinzu. Es soll angeblich Glück bringen.

🏔   Im Norden schweift der Blick über Karpacz weit über das polnische Tiefland, nach Südwesten über die grünen Wiesen der sanften, runden Kämme und Täler Jelení důl (Hirschtal) und Sluneční důl (Sonnental) zu den verstreuten Bergsiedlungen rund um Horní Malá Úpa und weiter bis zum Altvatergebirge am Horizont.

⇧   Sobald sich der Kamm verschmälert, wird der Pfad von mannshohen Latschenkiefern verschluckt. Über einen kleinen Sattel verlassen wir den Riesenkamm und gelangen zur **Svorová hora** (1.411 m) (⌛ 1¾ Std.). Wie der Name schon verrät, besteht der Gipfel aus Glimmerschiefer - *svor* auf tschechisch. Die Polen nennen sie wegen der Gesteinsfarbe *Czarna Kopa* - Schwarze Kuppe. Auch von hier öffnet sich eine herrliche Aussicht auf die östlichen Riesengebirgskämme und -täler.

Die roten Zeichen, die beständig der Staatsgrenze treu bleiben, steigen danach recht steil zur tschechischen **Chata Jelenka** (1.260 m) (Hirschbaude) nahe der Emin pramen (Emmaquelle) ab.

🛏 B   Chata Jelenka, Josef Kozák, Horní Malá Úpa 122, 54227 Malá Úpa, ☎ 499 895 105, Mobil 603 564 743 o. 605 214 228, ✆ <chata.jelenka@sez-nam.cz>, 🖳 <http://sweb.cz/chata.jelenka>, ⏻ ganzjährig, Kč 180/Pers. mit Frühstück, Kč 310/Pers. mit Abendessen.

Die Hirschbaude wurde im Jahre 1936 als Jagdhütte für den Grafen von Maršov, Jaromir Czernin-Morzin, gebaut. Der Graf benannte sowohl das Haus als auch die 100 weiter oben am Hang gelegene Quelle nach seiner Großmutter Emma. Nach 1945 bekam die Baude mit einem neuen Besitzer auch ihre neue Bezeichnung. Der Brunnen der Emmaquelle behielt aber seinen Namen. Kurz nachdem sie 2000 nach dem Stromanschluß teuer verkauft wurde, kam die Aufgabe. Doch seit 2002 erstrahlt die Hirschbaude nach einer Komplettrenovierung wieder im alten Glanz.

Während von der Chata Jelenka eine gelbe Route auf der Fahrstraße langsam ins Tal hinab läuft, wendet sich der Freundschaftsweg zusammen mit blau und grün nach links in den Nadelwald. Ein bequemer Abstieg bringt uns auf den **Soví sedlo** (1.161 m) (Eulensattel, pol. Sowia Przełęcz), der auch den Namen Můstek (Brücke) trägt. Früher war der schmale Sattel bei Schmugglern ein beliebter Übergang nach Polen. Heute können hier Touristen ganz legal über die Grenze marschieren und auf der schwarz markierten Route (☞ Reise-Infos von A bis Z, Grenzübergänge) durch das tiefe und enge Sowia dolina (Eulental) ins polnische Karpacz absteigen. Wir wandern jedoch weiter entlang der Grenze in nordöstlicher Richtung entspannt aufwärts.

Bevor es unterhalb der Spitze Skalny Stół (1.281 m) (Tafelstein) anstrengend wird, gabelt sich der Waldweg. Nach links führt Blau mit der Grenze zusammen zum nördlich gelegenen Gipfel hoch. Der Freundschaftsweg jedoch macht einem kleinen, kaum nennenswerten Sprung nach Osten aufwärts und durchquert auf gleicher Höhe bleibend den seichteren Südhang des **Střecha hřeben** (Schmiedeberger Kamm) (pol. Kowarski Grzbiet). Lichter Nadelwald und ausgedehnte Lichtungen säumen den Forstweg, der allmählich zur Grenzsiedlung **Pomezní Boudy** (1.050 m) (Grenzbauden) hinunter gleitet. Alle Abzweigungen bleiben unbeachtet, bis der Forstweg direkt an der **Pomezní bouda** (⌛ 2½ Std.) (Grenzbaude) in die Hauptstraße unweit der Grenze mündet. Dort endet auch der Freundschaftsweg.

🛏 B   Hotel Pomezní bouda, 54227 Horní Malá Úpa 40, ☎ 499 891 234,
　　　💻 <www.volny.cz/pomezka>, 🍴 normal ganzjährig, ev. April/Mai Ruhepause, gute böhmische Küche, 50 Betten, ab Kč 200/Pers. ohne Bettzeug bis Kč 300/Pers. mit Halbpension, vom 30.06. bis 16.09. alle Preise + Kč 20.

🛏   Pension Družba, 54227 Horní Malá Úpa c.p. 87, ☎ 499 891 210,
　　　💻 <www.druzba.cz>, 🍴 ganzjährig, ✗ 11:00 bis 22:00 Uhr, 135 Betten, Kč 210/Pers., Kč 400/Pers. mit Halbpension, vom 30.06. bis 31.08. alle Preise + Kč 50.

◆   Pension Hradečanka, 54227 Horní Malá Úpa c.p. 41, ☎ 499 891 225, 🍴 ganzjährig, ✗ 11:00 bis 22:00 Uhr, 💻 <www.druzba.cz>, Kč 260/Pers., Kč 460/Pers. mit Halbpension, vom 30.06. bis 31.08. alle Preise + Kč 50.

◆   AOZ Přelouc (Pension Černá Voda u kostela), 54227 Horní Malá Úpa c.p. 22, ☎ 499 891 280, 🍴 ganzjährig, ab Kč 150/Pers..

◆   Lesní zátiší-Horákovi, 54227 Horní Malá Úpa c.p. 110, ☎ 499 891 116, ✗ 🍴 11:00 bis 22: Uhr, gute böhmische Küche, Kč ab 150/Pers..

🛏 P   Pension Hořcec, 54227 Horní Malá Úpa c.p. 112, ☎ 499 891 287, 🍴 ganzjährig, nur Unterkunft für Gruppen und Schulen.

◆   Pension Árny, 54227 Horní Malá Úpa c.p. 128, ☎ 603 847 776, 📧 <pension.arny@centrum.cz>, 🍴 ganzjährig, Halbpension Kč 390/Pers..

◆   Chata Rumenka, Jana a Vlastimil Zakoucky, 54227 Horní Malá Úpa c.p. 45, ☎ 499 891 238, 🍴 ganzjährig, Preis nach telefonischer Absprache.

◆   Pension Jeřabinka (30 Betten) und Pension Popelka (24 Betten), 54227 Horní Malá Úpa c.p. 124, 🍴 ganzjährig, ☎ 499891 297.

◆   Pension Vera, 54227 Horní Malá Úpa c.p. 104, ☎ und 🅵🅰🆇 499 891 221 o. Mobil 603 263 672, 🍴 ganzjährig, Halbpension € 19/Pers., Kinder bis 10 J. 20% Rabatt.

- ♦ Kateřina, 54227 Horní Malá Úpa c.p. 29, ☎ 499 891 291.
- ♦ Pension Linhartovi, , 54227 Horní Malá Úpa c.p. 30, ☎ 604 844 054 o. 499 826 596, 🛏 auf Anfrage.
- ♦ Pension Michaela, 54227 Horní Malá Úpa c.p. 21, ☎ 499 891 239, 🛏 ganzjährig, 26 Betten, € 12/Pers. Halbpension (Kinder € 8).
- ♦ Pension Michaela, 54227 Horní Malá Úpa c.p. 118, ☎ 499 891 239, 🛏 ganzjährig, 20 Betten, € 12/Pers. Halbpension (Kinder € 8).
- ♦ U Studánky, 54227 Horní Malá Úpa c.p. 23, ☎ 499 891 180 o. Mobil 603 826 572, ✉ <sytarova@volny.cz>, 🖥 <http://sweb.cz/ustudanky>, 🛏 ganzjährig, 20 Betten, Halbpension Kč 300/Pers. (Kind ab 8 J. Kč 260).
- ♦ Pension Panorama, Tous Martin, 54227 Horní Malá Úpa c.p. 37, ☎ 499 891 288, ✉ <p.panorama@volny.cz>, 🖥 <www.volny.cz/p.panorama>, 🛏 ganzjährig, 19 Betten.
- ♦ Alena, 54227 Horní Malá Úpa c.p. 123, ☎ 499 891 223.
- ♦ Na pekárne-Moclovi, 54227 Horní Malá Úpa c.p. 109, ☎ 499 891185, 🛏 ganzjährig.
- 🏛 Pension Na pekárne.
- 🎿 mehrere Schlepplifte in der Umgebung, ab Kč 10/Std..
- 📯 3 Min. von der Pomezní bouda auf der Hauptstraße talwärts.
- 🏦 EC-Automat an der Post, Wechselstube an der Grenze.
- 🅿 4 bewachte Parkplätze, 🛏 24 Std. am Tag, ab Kč 50, Parkplatz U Hořce unbewacht, ab Kč 30, ☎ Miroslav Schimmer 603 847 776 o. Jaroslav Cibulka 603 558 850.
- ✚ Horská služba, ☎ 499 891 233.
- ✕ 🛏 täglich 24 Std..
- ✿ ☎ 499 736 233 o. Mobil 603 308 170.
- 🚌 nach Trutnov über Svoboda nad Úpou täglich außer So. um 06:55 und täglich 10:05, 14:00 und 17:30. In Trutnov guter Anschluß per Bus oder Zug in alle Richtungen, 🚂 🖥 <www.vlak-bus.cz>.
- ℹ Touristeninformation Malá Úpa, ✉ <malaupa@malaupa.cz>, 🖥 <www.malaupa.cz> (zur Zeit Detailinfos nur in Tschechisch).

Die Hütten der Pomezní Boudy liegen am Grenzübergang zu Polen zwischen den Kämmen Střecha hřeben und Pomezní hřeben (Grenzkamm). Angeblich wurde die winzige Bergsiedlung von vier österreichischen, adligen Offizieren gegründet, die aus unbekannten Gründen etwa im Jahre 1663 hierher verbannt worden sind. Die Grenzbauden sind der nördlichste Teil des Bergdorfes Malá Úpa (Klein Aupa), das sich in drei aneinander anschließende Gebiete aufteilen läßt: Horní Malá Úpa (Oberes Klein Aupa), Dolní Malá Úpa kostel (Unteres Klein Aupa bei der Kirche) und Dolní Malá Úpa Spálený Mlýn (unteres Klein Aupa bei der verbrannten Mühle).

Bei der Unterkunftssuche fällt die Entscheidung schwer. An gemütlichen Hotels und Pensionen mit freundlicher Atmosphäre herrscht hier kein Mangel.

Auf Schleichwegen

Im 16. Jh. ließen sich hier im Flußgebiet der Malá Úpa Holzfäller aus Kärnten und der Steiermark nieder. In den Jahren 1841 bis 1870 wurde Eisen- und Arsenerz gefördert. Die Verarbeitung fand in Pec pod Sněžkou statt. Als meist florierendes Geschäft galt aber lange Zeit der Schmuggel. Unterschiedliches Preisniveau und die Tatsache, daß bestimmte Waren nur auf der anderen Seite der Grenze zu bekommen waren, verlockten viele Gebirgler zu dem illegalen Handel. 1844 ließ der damalige Inhaber der Herrschaft von Maršov, Berthold von Aichelburg, auf den Grenzbauden eine Zollstation errichten, um dem wilden Treiben einen Riegel vorzuschieben .

Von hier aus brachen die Grenzer, später Finanzer genannt, zu ihren Kontrollrunden auf. Doch die Schmuggler konnten durch die Hilfe der Bevölkerung den Ordnungshütern fast immer entwischen. Die Hauptschmuggelstrecke führte in Malá Úpa über den Sattel Soví sedlo und den Kamm Pomezní hřeben. Die Männer schleppten Butter, hochwertigen Käse nach Schlesien und Zucker, Tabak, Alkohol und später auch Petroleum wieder zurück. Das waren harte Kerle. Auf den hölzernen Traggestellen - die sogenannten Kraxen - konnten sie bei Nacht und Nebel bis zu 90 kg Schmuggelgut transportieren.

Die letzte große Blütezeit des Schleichhandels ereignete sich während des Ersten Weltkrieges und in der Zeit kurz nach der Gründung der Tschechoslowakischen Republik. Obwohl es die Güter eigentlich auch auf Rationierung gab, konnten sie nicht mal für Wucherpreise ergattert werden. Die langsam verbesserte Marktsituation grub dem Kraxenschmuggel dann nach und nach das Wasser ab. Heute werden völlig unromantisch gleich ganze Lastzüge geschmuggelt, wobei das Interesse zumindest an Alkohol und Zigaretten ungebrochen ist.

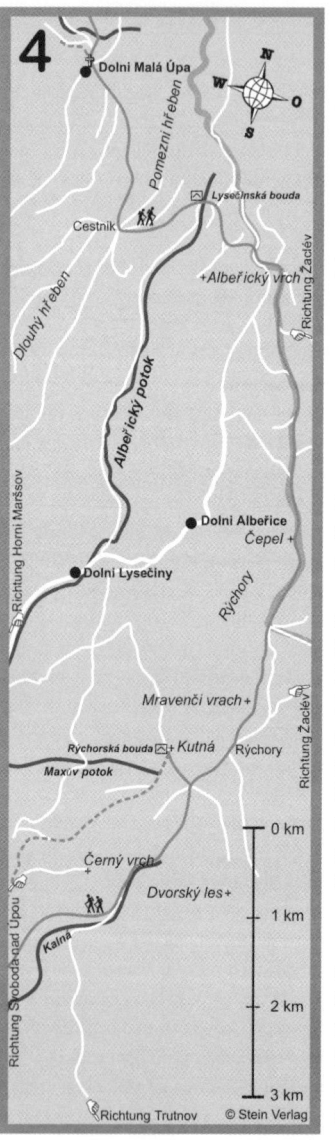

Etappe 4: Pomezní bou-
dy- Svoboda nad Úpou

⊃   21 km
⧖   4¾ Std.
↕   ↑ 285 m , ↓ 800 m
⇧   Kutná (1.001 m)
↳   Rýchorská bouda - Svoboda nad
Úpou über die Růženina cesta

Die wilde Gebirgslandschaft des
nördlichen Riesengebirges bleibt nun
zurück. An ihre Stelle tritt im äußers-
ten Osten eine liebliche Berglandschaft, deren grüne Kämme kaum die
1.000 m Marke überschreiten. Es ist
der tiefstgelegene Teil des Riesengebirges. Statt schroffer Felswände
beherrschen üppige Bergwiesen, dunkle Wälder und schmucke Holzhäuser
das Bild. Der Weg, der über weite
Strecken durch leichtes Gelände führt,
folgt den südwärts gerichteten Bergrücken entlang der tschechisch-polnischen Grenze bis zum Abstieg nach
Svoboda nad Úpou.

Von der **Pomezní bouda** gehen wir
zunächst ein kurzes Stück die Hauptstraße talwärts. Gegenüber dem kleinen Lebensmittelgeschäft biegt linker
Hand eine gelb markierte Fahrstraße
ab, auf der wir zur Talsohle hinab wandern. Nahtlos schließen sich die weit

Blumenübersähte Bergwiesen bei Dolní Malá Úpa

verstreuten Häuser von **Horní Malá Úpa** an. Kaum ein Neubau stört die Idylle. Viele der Häuschen auf den umliegenden blumenreichen Bergwiesen sind im traditionellen Blockhausstil (☞ Etappe 5, Die Blockbauten des Riesengebirges) erhalten geblieben. Wir fühlen uns in frühere Jahrhunderte zurückversetzt.

Die auseinandergezogene Gebirgsortschaft Malá Úpa ist daher auch kein Ferienzentrum wie Harrachov. Trotz der Dutzenden von polnischen und tschechischen Bussen, die täglich von beiden Landesteilen zur Grenze hochgekarrt werden, hängt eine spürbare Ruhe über der malerischen Landschaft. Die Fahrstraße überquert den fröhlichen sprudelnden Gebirgsbach **Černá voda** (Schwarzes Wasser) und schwingt sich auf die andere Talseite den Westhang des **Pomezní hřeben** (Grenzkamm) hinauf. Der langgezogene Kamm trägt seinen Namen zu recht, denn auf seinem Gipfelrücken über uns verläuft die Grenze.

Etwas höher knickt die Fahrstraße im Nadelwald unvermittelt an einem Bildstock nach Osten bergauf ab. Gelb setzt sich jedoch geradeaus weiter in südlicher Richtung auf einem Waldweg fort. Wenig später biegt der Hauptweg an einer Lichtung nach rechts zu den Hütten der Rottrovy boudy talwärts ab (Schild Chata Zuč). Unsere gelbe Route bleibt jedoch auf gleicher Höhe und läuft am Hang entlang auf dem schlechter werdenden Grasweg weiter. Nach einigen Minuten wird ein kleiner steiler Hangeinschnitt durchquert. Eine rustikale Holzbrücke hilft über den Wildbach **Rennerův potok** (Rennerbach). Knorrige Fichten und dicke Moospolster verleihen dem stillen Wald eine verwunschene Sphäre - vor allem wenn noch Nebelschleier zwischen den Stämmen wabbern.

An der nächsten Wegverzweigungen halten wir uns geradeaus. Der Waldweg stößt am Waldrand auf einen hellen Kiesweg, der ein paar Meter geradevor in die Straße direkt bei der Kirche in **Dolní Malá Úpa (kostel)** (982 m) (⌛ ¾ Std.) mündet.

🛏   Pension U Kostela, 54227 Dolní Malá Úpa c.p. 72d, ☎ 499 891 118,
      🛏 ganzjährig (ev. November geschlossen wegen Aufräumarbeiten), Zimmer ohne Dusche € 8/Pers., mit Frühstück € 10/Pers., Halbpension € 13/Pers., Kind bis 10 J. Halbpension €10, Zimmer mit Dusche alles + € 2, Parkplatz Kč 50/Tag, gemütlich mit Kamin und überdachter Terrasse.

♦   Stotřináctka, 54227 Dolní Malá Úpa c.p. 113d, ☞U Kostela

🛏 B   Renerovka Bouda I u. II, 54227 Dolní Malá Úpa c.p. 91d und 93d, ☎ u. FAX 499 891 108, ✍ <oliva@pvtnet.cz>, 🖥 < www.renerovka.cz>, 🛏 ganzjährig, 5. Min. nördlich der Kirche auf der linken Straßenseite (Rot Richtung Pomezní Boudy), ☺ ausgezeichnete Bauden mit Flair und gutem Service, Kč 520 bis 600/Pers..

🛏 P   Walter s.r.o. Praha, 54227 Dolní Malá Úpa c.p. 70d, ☞U Kostela

♦   Chata Loupáček, 54227 Dolní Malá Úpa c.p. 125d, ☎ 499 891 292, 6 Zimmer, Kč 180/Pers. ohne Frühstück oder € 6/Pers., 🏠, nördlich der Kreuzung auf der rechten Straßenseite

Mit 982 m.ü.d.M. ist Dolní Malá Úpa stolzer Besitzer der höchstgelegenen Kirche Böhmens. Ansonsten weist das Örtchen nur eine Handvoll Berghütten, Pensionen und Privathäuser auf. Sie schmiegen sich zwischen dem Pomezní hřeben und dem Kraví hora (1.071 m) (Kuhberg) in ein kleines Hochtal umgeben von üppig blühenden Bergwiesen.

✝   Weithin bekannt ist die kleine Gemeinde wegen ihres Gotteshauses. Das knallrote Dach der spätgotischen Kirche mit ihrem Zwiebelturm drückt der Dorfsilhouette ihren unverkennbaren Stempel auf. Daneben steht die ehemalige Schule aus dem Jahr 1797. Sehenswert ist auch der kleine Friedhof, dessen Gräber viel über die Vergangenheit der Siedlung erzählen.

Die Kirche von Malá Úpa

Wie die Bergleute zu ihrer Kirche kamen, ist eine besondere Geschichte. Als der spätere österreichische Kaiser Josef II. am 12. September 1179 zu Besuch kam, wunderte er sich über die schmucken Berghütten. Er blieb über Nacht in Spálený Mlýn (Mohornmühle) und versuchte bei der Gelegenheit aus den Gebirglern herauszukommen, woher ihr bescheidener Wohlstand denn käme. Auf das Versprechen hin, daß der hohe Herr, niemanden bestrafen würde und sich für den Bau einer Kirche einsetzt, traute sich die junge hübsche Müllerstochter dann ehrlich Auskunft zu geben. Jedermann in den Bergen schmuggelte. Wie der Herrscher unmittelbar darauf reagierte, ist nicht bekannt. Doch für den Kirchenbau sorgte er wirklich. Der Habsburger Adler am Deckeninnern mit der Inschrift "Kaiser Josef II. 1791" erinnert daran. Im selben Jahr - ein Jahr nach dem Tod des Kaisers - wurde die Kirchweih vollzogen.

Von der Kreuzung in der Ortsmitte leiten uns anfänglich Rot und Gelb ostwärts in Richtung Lysečinska bouda. Am Straßenrand leuchtet es violett, blau, gelb und weiß. Die unglaubliche Blumenfülle der Bergwiesen lädt ständig zu genießerischen Stops ein. Am Waldrand steigt die Straße langsam an. Nicht weit entfernt kommen wir an eine Straßengabelung. Gelb entschwindet nun nach Süden. Wir halten uns jedoch an den rot markierten *Cesta bratři Čapků* (Weg der Brüder Čapek).

Der alte Gebirgsweg zieht sich als roter Faden vom Riesengebirge bis weit ins östliche Riesengebirgsvorland nach Úpice (Eipel). Die Straße ist jedoch mit einem Schlagbaum abgesperrt und innerhalb des Nationalparks nur für Fußgänger und Radfahrer frei zugänglich. Sie steigt in bequemen Stufen zum Sattel **Cestník** (1.003 m) (⌛ 1¼ Std.) auf.

🏠 Vom Sattel, der den Pomezní mit dem Dlouhý hřeben (Langer Kamm) verbindet, erfaßt der Blick einen Großteil des nördlichen Riesengebirges. Zu unseren Füßen erstreckt sich Dolní Malá Úpa (Spálený Mlýn) und hinter den schmalen Flußtälern der Malá Úpa dominiert im Westen die Spitze der Sněžka die Gebirgsszenerie. Im Osten verbirgt sich hinter dem breiten Gebirgskamm Rýchory (Rehorngebirge) die hügelige Ebene von Kamienna Góra (Landshut).

Mehrere Wanderrouten spreizen sich von der Wegespinne auf dem Sattel ab. Wir folgen weiterhin der Straße, die das Südende des Pomezní hřeben umrundet und zur 1 km entfernten **Lysečinská bouda** (986 m) (Kolbenkammbaude) hinab führt.

↪ B   Lysečinská bouda, Horní Lysečiny 51, 54226 Horní Marsov, ☎ 499 895 114, 💻 <www.lyseciny.cz> (nur in tschechisch), 🍴 ganzjährig, ✕ 🍴 11:00 bis 23:00 Uhr in der Saison, 42 Betten, .

Die schöne, alte, gezimmerte Baude mit Veranda steht weitab vom Gewimmel der Touristenzentren im Abschluß des Tales von Horní Lysečiny am alten Handelsweg zwischen den Orten Maršov (Marschendorf), Albeřice (Albendorf) und Pomezní Boudy. Anno 1779 wandelte Kaiser Josef II. hier an der Lichtung vorbei. Zu seinem Andenken wurde die nahe Quelle, aus der er angeblich trank, lange Zeit Kaiserborn genannt. Heute ist die Straße Teil der Riesengebirgsmagistrale (☞ Reise-Infos, A bis Z, Outdooraktivitäten, Skilanglauf).

🖐   Die Lysečinská bouda ist erst einmal die letzte Möglichkeit, um für eine Rast einzukehren. Erst kurz vor Svoboda nad Úpou ist die Rýchorská bouda auf dem Aussichtsgipfel Kutná die nächste Gastwirtschaft (nicht täglich geöffnet).

Im Frühjahr sorgen u. a. Rote Lichtnelke, Schierling, Hahnenfuß und Vergiß-meinnicht für ein buntes Farbenspiel auf der Hangwiese. Im Schatten beim Wegweiser **U Lysečinské boudi** recken Büschel von Wildem Silberblatt ihre blaßlila Blütenkugeln in die Luft. Mit Rot geht es auf der Straße weiter, die einen Bogen um den schlanken Lysečinský hřeben (Kolbenkamm) beschreibt und die Staatsgrenze berührt. Dort tritt Grün linker Hand aus dem Wald und schließt sich Rot für ein kurzes Stück auf der Straße an.

Doch schon hinter der nächsten Kurve trennen sich die beiden Routen wieder voneinander. Die rot markierte Straße steigt ins Tal nach Albeřice ab. Uns weist aber nun Grün den Weg. Eine rotweiße Stange sperrt den Pfad ab, der linker Hand in den dichten Fichtenwald eintaucht. Die Stange hängt so hoch, daß Wanderer ungehindert darunter durchlaufen können. Kurz danach passiert der Pfad ein Abzweig zu einer nördlich gelegenen polnischen Baude und knickt unvermittelt nach Süden auf den Bergkamm **Rýchory** ab.

Auf dem einsamen Grenzweg im Rýchory

Die grün markierte Route entlang der Grenzsteine wird wenig begangen. Nur vereinzeltes Vogelgezwitscher erklingt in der Einsamkeit. Die Zivilisation scheint weit fort zu sein. Im leichten Auf und Ab wandern wir nach Süden hin den höher werdenden Kamm hoch. Gelegentlich erhaschen wir einen Blick ostwärts zwischen den Bäumen hindurch nach Polen. Unterwegs findet sich immer ein schönes Ruheplätzchen im Gras einer Bergwiese.

Stellenweise ist der Pfad zerwühlt von schwerem Gerät. Bei Nässe lassen sich die Schlammkuhlen aber durch den Wald umgehen.

Schließlich erreichen wir eine Weggabelung. Wir ignorieren den Forstweg, der nach rechts tiefer in den Wald hinein führt und laufen auf dem Pfad nach links bergab. Unerwartet kommen wir aus dem Wald heraus. Vor uns breiten sich mehrere Bergweiden aus. Im Frühjahr sind sie wahre Blumenparadiese, wenn die Blütenpracht teilweise hüfthoch steht.

Im Süden begrenzt der Dvorský les den Horizont. Er ist mit seinen 1.033 m die höchste Erhebung des Rehorngebirges. Am Feldrand entlang führt eine vage Trampelspur im Gras auf die Ostkante des flachen Sattel hinunter, wo der ehemalige Zollweg von Horní Albeřice (Ober-Albendorf) ins polnische Niedamiрów (Kunzendorf) unsere Bahn kreuzt.

🏠   Nach Polen ergibt sich eine schöne Aussicht auf die hügelige Ebene zwischen dem Landshuter Kamm und dem Überschaargebirge, die teils vom großen Stausee der Bober Talsperre eingenommen wird.

Geradevor entdecken wir einen Grasweg, der uns leicht ansteigend nach 200 m wieder zurück auf den *Cesta bratří Čapků* bringt. Unverändert in südlicher Richtung schlängeln sich beide Routen auf dem guten Feldweg entlang der Bergweiden weiter den Kamm hinauf. Im Rücken erhebt sich die Spitze der Sněžka in der Ferne. Vorausgesetzt sie hüllt sich nicht wie so oft in eine Wolkenbank.

Um die Nordseite der kleinen, bewaldeten Kuppe **Čepel** (901 m) herum gelangen wir zur Wegverzweigung **Roh hranic** (945 m) (⌛ 3 Std.) (Grenzecke). Kurioserweise schlägt der Grenzverlauf hier urplötzlich einen Haken nach Osten und formt so tatsächlich eine akkurate Ecke - die Grenzecke.

Grün und eine blaue Route zweigen hier im Fichtenwald ab. Geradeaus überschreiten wir mit den roten Zeichen die Ostflanke des länglichen Gipfel **Mravenčí vrch** (1004 m) (Domsenbusch). Am Ende des Fichtenwaldes erreichen wir die Wiesenenklave Rýchory und die Wegkreuzung am *Rýchorský kř íž* (956 m) (⌛ 3½ Std.). Das barocke Rehorner Kreuz stammt aus dem Jahre 1804. Ein kurzer, etwas steilerer Anstieg führt uns auf der befestigten Naturstraße zur großen Wegkreuzung **Kutná** (996 m) (Kuttenberg) unterhalb des dicht bewaldeten Dvorský les (1.033 m) (Höfelbusch). Dort wenden wir uns mit Gelb und Grün nach rechts und stehen nach 500 m an der **Rýchorská bouda** (1001 m) (⌛ 3 ¾ std.).

🛏 B   Rýchorská bouda, 54226 Horní Mařsov, 🔢 für Seminare und Kurse (auch in Deutsch und Englisch) unter ☎ 499 948 182 u. ⟨FAX⟩ 499 948 150; ✕ 🍴 Mi. bis So. 10:00 bis 16:00 Uhr, Mo. u. Di. geschlossen.

Die 1930 erbaute Rehornbaude befindet sich seit 1978 im Besitz der Nationalparkverwaltung, die darin ein modernes ökologisches Bildungszentrum untergebracht hat. Die Angebote richten sich an Schüler, Studenten und Lehrer, aber auch interessierte Einzelpersonen können an den diversen Veranstaltungen teilnehmen. Für Gebirgstouristen gibt es im angegliederten Restaurant ein Büffet mit warmem Essen und an der Baude vorbei einen fantastischen Aussichtspunkt mit Übersichtstafel.

Die Rýchorská bouda liegt auf dem in nordwestlicher Richtung scharf hervorragenden Berg Kutná - eine natürliche Aussichtskanzel mit freier Sicht über die Gipfel des östlichen Riesengebirges. Von der Černá hora im Westen schwenkt der Blick nach Osten über Světlá hora, Luční hora, Studničí hora, Růzová hora, Sněžka, Svorová hora, Lysečinská hora, Albeřický vrch und zum Bergkamm Rýchory. Über das Gebirgsrelief können wir die vergangenen Tage mühelos zurückverfolgen. Im Osten ragen die einzelnen Bergzüge der Sudeten in Polen auf - Vraní hory (Rabengebirge), Góry Kamienne (Forstberge) und Góry Wałbrzyskie (Waldenburger Gebirge).

Das rauhe, niederschlagsreiche Klima und die Abgeschiedenheit ließen auf den Gipfelpartien der Kutná und des Dvorský les eine Schatztruhe der Natur entstehen. Reste des urtümlichen Buchenurwaldes mit seinen skurril verwachsenen Riesenbuchen und seltene Gebirgspflanzen wie Braunklee, Enzian, hoher Feldrittersporn, europäische Trollblumen und narzissenblütige Anemonen haben in dem Naturreservat eine Heimat gefunden. Laut einer Sage wurde hier allerdings schon im Jahre 1012 ein ganz anderer Schatz geschürft - Gold! Tatsächlich ist der Abbau von Gold und Silber an den Kammhängen vom 16. bis 18. Jh. belegt. Nicht umsonst wird zufällig vom *Zlaté Rýchory* - dem Goldenen Rehorn - gesprochen.

Bei der Baude bietet sich bei trockenem Wetter eine 1 km kürzere, schöne **Abstiegsmöglichkeit nach Svoboda nad Úpou** an.

✎   **Variante über die Růženina cesta** ⇨ 4 km, ¾ Std., ⬇ 360 m

Es sind nur ein paar Meter auf dem Weg, der direkt vor der Baude von der Zufahrtsstraße nach Westen abzweigt. Dann führt Grün linker Hand über eine kurze Treppe auf eine Wiese hinab. Das erste Stück kann bei schlechtem Wetter etwas matschig sein. Ein Pfad läuft südwärts weiter durch lichten Fichtenbewuchs zum Rýchorská studánka (Rehorner Quellbrunnen). Hinter der Quelle des Maxův potok (Maxbach) verdichtet sich der Wald und Grün beginnt auf dem *Růženina cesta* (Rosenweg) den westlichen Hang des steilen Bergrückens abzusteigen, der den Berg Kutná mit dem Černý vrch verbindet.

Sobald das Gefälle etwas abnimmt, biegen wir vom breiten Waldweg ab und halten uns leicht links. Der Weg schlängelt sich nun gemächlicher weiter durch den Wald bergab, passiert rechter Hand die Jagdhütte Vávrova chata, kreuzt einen Forstweg und mündet schließlich in eine Fahrstraße. Auf ihr gelangen wir zur südlich gelegenen Kreuzung Za Kraví horou, wo sich die beiden Abstiegsrouten nach Svoboda nad Úpou wieder vereinen.

Von der Rýchorská bouda kehren wir wieder zurück zur Kreuzung **Kutná**. Dort folgen wir zunächst der Ausschilderung Blau in Richtung Trutenov. Auf der befestigten Naturstraße steigen wir bequem den östlichen Hang des Bergrückens bergab, der den Berg Kutná mit dem Černý vrch (947 m) (Schwarzer Hügel) verbindet. Wildwucherndes Astgewirr, umgestürzte Baumstämme und dichter Unterholzbewuchs bilden beiderseits des Weges einen Urwald. In diesem Gebiet leben einige im Jahre 1951 ausgesetzte Mufflons.

Orographisch rechts des Baches **Kalná** (Die Trübe), in dessen Anschwemmungen im Mittelalter Gold gewaschen wurden, passiert die nun asphaltierte Straße ein Stück tiefer die schöne alte Jagdhütte Pašovka. Ein Steinwurf entfernt stoppen wir an der Wegverzweigung **pod lovcí boudou** (875 m) (Unterhalb der Jagdbaude). Dort biegen wir nach rechts mit Gelb auf einen zerfurchten Forstweg ab. Leicht bergab geht es am Hang entlang nach Südwesten weiter.

🖐 Die nächste Wegkreuzung ist nicht deutlich erkennbar. Gelb verläßt hier den Forstweg und knickt nach Süden ab. Gelbe Markierungen finden sich ein paar Meter unterhalb der Kreuzung an einem Zaun.

Wir verlieren auf dem Waldweg rasch an Höhe. Der dunkle Nadelwald macht Platz für einen recht grünen Laubwald. An einer Weggabelung halten wir uns rechts auf den deutlich ausgefahrenen Weg und landen nahebei an der Wegkreuzung **Za Kraví horou** (673 m) (⌛ 4 ½ Std.) (Hinter dem Kuhberg) inmitten zauberhafter Blumenwiesen. Letztere werden vom KNRAP als wissenschaftliche Studienobjekte genutzt. Geflecktes Knabenkraut, eine Orchidee, die sich sonst eher rar macht, findet sich hier gleich in rauhen Mengen.

Grün schließt sich der gelben Route an der Kreuzung wieder an. Wir überqueren die Fahrstraße und wandern links des umzäunten Areals zwischen den Blumenwiesen hindurch. Die vage Spur im Gras läuft am sanfteren Westhang der Kuppe **Kraví vrch** (681 m) (Kuhhügel) entlang. Am Waldrand knickt der Pfad

In Svoboda nad Úpou

scharf nach Süden ins Flußtal der Úpa ab. An der nächsten Wegverzweigung links halten, weitere Abzweigungen ignorieren. Am oberen Rand des Villenviertels **Sluneční stráň** (Sonnenhang) mündet der steile Waldpfad in eine Asphaltstraße, die an Häuserreihen und gepflegten Vorgärten vorbei weiter bergab führt. An der nächsten Straßenkreuzung biegen wir nach rechts talwärts ab.

Am Friedhof vorbei erreichen wir einen Augenblick später die Talhauptstraße Nr. 296 orographisch links des Flusses Úpa. Flußabwärts geht es zum Bahnhof und der Busstation. Geradeaus gelangen wir dagegen über die Brücke bei der Tankstelle auf das andere Flußufer und ins Stadtzentrum von **Svoboda nad Úpou** (512 m) (⧗ 4¾ Std.) (Freiheit an der Aupa).

🛏   mehrere Hotels, Pensionen, Privatzimmer und Ferienwohnungen unterschiedlicher Preisklassen.

✗   mehrere Restaurants. ☺ wer nach einigen Tagen Baudenkultur mal Lust auf etwas anderes hat als böhmische Knödel mit Gulasch, das Restaurant/Pension *Calimero* in der Hauptgeschäftsstraße serviert u.a. leckere Riesenpizzen - extra dick belegt. Gute böhmische Küche bietet das *Měštanský dům* am Marktplatz.

zahlreiche Geschäfte im Stadtzentrum.

☎ 499 871 140.

🕙 8:00 bis 11:00 und 13:00 bis 17:00 Uhr, ☎ 499 871 901.

Mo, Mi, Do von 9:00 bis 12:30 und 13:30 bis 17:00 Uhr, Di geschlossen, Fr. nur von 9:00 bis 13:00, ☎ 499 871 165, EC-Automat

Skicentrum SAFAR, ☎ Mobil 603 327 525, ✍ <skicentr.safar@volny.cz>, 🖥 <www.volny.cz/skicentr.safar/html>, Gruppenunterricht ab Kč 340/Tag, Einzel ab Kč 250/Std., Kinder ab Kč 320/Tag.

Nach Trutnov mehrmals tägl. Kč 16. Nach Prag 5x tägl. an Werktagen, Wochenende 3x tägl., Kč 125. Nach Pec pod Sněžkou mehrmals tägl. von 8:40 bis 20:30 (an Werktagen ab 5:24) Kč 16. Nach Janské Lázně von 4:42 bis 19:42 an Werktagen halbstdl., Wochenende fast stündlich, Kč 8. Skibus nach Janské Lázně von 21.12. bis 15.03. tägl. von 8:00 bis 17:00, gratis. 🛈 🖥 <www.vlak-bus.cz>.

tägl. mindestens stündlich nach Trutnov, dort Anschluß in alle Richtungen, Kč 10 (Fahrkarte nur im Zug erhältlich), 🛈 🖥 <www.vlak-bus.cz>.

🛈 Turistické informační centrum "Krkonoše ", náměstí Svornosti 127, 54224 Svoboda nad Úpou, ☎ / FAX 499 871 167, ☎ 499 871 216, ✍ <info.ets@worldonline.cz>, 🖥 <www.czech-travel-touristic.cz> (momentan nur in Tschechisch).

Die Bergarbeiterstadt Svoboda nad Úpou

Svoboda nad Úpou breitet sich am Zusammenfluß der Úpa (Aupa) mit dem Janský potok aus. Die ersten Siedler waren Goldschürfer. 1546 erhielt die Bergarbeiter-siedlung die Bergfreiheit, d.h. es durfte frei Gold geschürft werden. Und damit änderte sich der Name des Dorfes in "Freiheit ". Ein weiteres kaiserliches Privileg, das Svoboda verliehen wurde, ermöglichte den Export von Gold über die Grenzen hinaus, während Silber in die königliche Münze geliefert werden mußte. 1556 erhob Kaiser Ferdinand I. die blühende Ortschaft zur Stadt. Der Dreißigjährige Krieg bedeutete jedoch den Niedergang des Bergbaus. 1772 wurde das letzte Goldbergwerk geschlossen.

Der preußisch-österreichische Krieg in den Jahren 1778/79 verschärfte die wirtschaftliche Misere. Obwohl eigentlich keine schweren Kampfhandlungen aufka-men, setzten die Armeebewegungen dem Gebiet um Svoboda nad Úpou doch schwer zu. Im August 1779 besuchte Kaiser Josef II. die Stadt und weitere Orte, um die verursachten Schäden zu besichtigen. Zu allem Unglück vernichtete 1842

eine lange Trockenheit die Ernten. Der Hunger zwang die Leute zu allerlei merk-
würdigen Experimenten: Brot zur Hälfte aus Bergheu und Kräutern gebacken oder
man versuchte Mehl aus Flechten und Baumrinde herzustellen.

Langsam aufwärts ging es wieder, als am 17. Dezember 1871 der Anschluß an
das Eisenbahnnetz in Trutnov (Trautenau) gelegt wurde und somit das östliche Riesengebirge für die Touristen näher rückte. Im Plan war noch eine Verlängerung der
Strecke bis Schlesien über die Pomezní Boudy vorgesehen. Deren Verwirklichung
verhinderte der Erste Weltkrieg.

In der zweiten Hälfte des 19. und im 20. Jh. verhalf die Papierherstellung als
neuer Haupterwerbszweig der Region wieder zum Aufschwung. Der Luxemburger
Prosper Piette gründete in Dolní Maršov eine der größten Papierfabriken Böhmens, die noch immer in Betrieb ist. Heute ist Svoboda nad Úpou das wichtigste
Geschäfts- und Verwaltungszentrum im östlichen Riesengebirge, das vom Touri-
stenrummel der anderen Orte größtenteils verschont geblieben ist.

Von der reichen Vergangenheit des alten Bergbaustädtchens zeugen in der
"normalen" tschechischen Kleinstadt nur noch einige verblaßte barocke und klassi-
zistische Bürgerhäuser, z.B. Nr. 106, 107, 108 oder das Rokokohaus mit Satteldach Nr. 109 in der Geschäftsstraße 5. Května. Die Fassade wird von toskanischen
Pilaster gegliedert. In den Seitenstraßen lockern einige schöne volkstümliche
Blockbauten das Stadtbild auf.

Am nördlichen Ende der Geschäftsstraße sticht in der Häuserfront am langgezogenen Marktplatz das Gasthaus *Měšťanský dům* (Bürgerhaus) ins Auge. Das einzig
erhaltene Renaissancehaus steht schon seit 1608. Ursprünglich diente es als Wach-
turm an der Furt über die Úpa. Später wurde das Steingebäude erweitert und in ein
Bürgerhaus mit Geschäft umfunktioniert. Im letzten Jahrhundert verfiel es zusehends. 1995 wurde es gerade noch vor dem Abriß gerettet und dient jetzt als Hotel.

Etappe 5: Svoboda nad Úpou - Černá hora

➲   15,5 km
⧖   4 ½ Std.
⇕   ↑ 995 m , ↓ 310 m
⇧   Černá hora (1.299 m)
▮   Modré kameny
❧   Černohorské rašeliniště

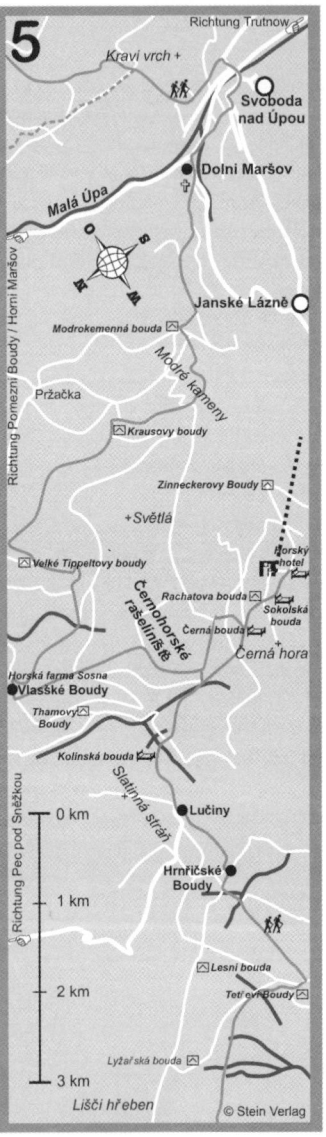

Im Südosten erhebt sich der majestätische Berg Černá hora über die umliegenden Höhen. Er schließt den längsten und mächtigsten Riesengebirgszweigkamm ab, welcher sich aus dem Massiv des Böhmischen Kammes beim Luční hora abspreizt. Von allen anderen Gipfeln ist er wegen seines Sendeturmes auf der breiten Kuppe am leichtesten zu unterscheiden. Der kilometerlange Aufstieg ist zu Beginn etwas beschwerlich, aber es lohnt sich.

☺ Wer sich dennoch den langen Anstieg ersparen will, kann entweder zu Fuß auf Rot oder mit Bus (☞ Etappe 8, Svoboda nad Úpou) nach Janské Lázně hinüber wechseln und mit der Kabinenbahn hoch zum Gipfel fahren (☞ Černá hora).

Im Zentrum von **Svoboda nad Úpou** wandern wir zum Westende des Marktplatzes náměstí Svornosti. Im Schatten der Bäume fragen die Jungfrau Maria, der Heilige Florian und der Heilige Antonius um Aufmerksamkeit. Bei der barocken Statuengruppe aus dem 18.Jh. kommen wir an eine Straßenverzweigung. Wir orientieren uns an den roten und grünen Wandermarkierungen, die sich von der Hauptstraße abwenden und nach rechts die Straße Horská Olice hinaufführen. Unweit biegen wir gleich wieder ab und folgen der ruhigen Vorortstraße Stará Alej parallel zur Talhauptstraße talaufwärts.

Die Straße geht in einen Fußweg über, der am Ortseingang von **Dolní Maršov** (522 m) wieder mit der Hauptstraße zusammentrifft. Auf der anderen Straßenseite erstrecken sich die heruntergekommenen Gebäude der Papierfabrik. Allgemein macht der kleine Ort einen sehr verlassen Eindruck. Kurz hinter dem Bach **Č**ernohorský potok (Schwarzenbergbach) kürzen wir nach links über den schmalen Asphaltweg Spojovačí ab, der zwischen blumenreichen Vorgärten und schmucken Häuschen in die Bergstraße 297 in Richtung Janské Lázně mündet.

Einige abbruchreife Prachtbauten lassen ein wenig den vergangenen Glanz der ehemaligen Papiermetropole Dolní Maršov erahnen. Zurück blieb trister Industriecharakter. Das **Hotel Prom**, ein Stück die Straße hoch, ist jedoch neu herausgeputzt.

⌐   Hotel Prom Maršov, Černohorská 27, 54224 Svoboda nad Úpou, ☎ 499 871 179- 80, FAX 499 871 302, 110 Betten, Bett € 16,60/Pers., Doppelzimmer € 33, Appartement € 38,70, Frühstück € 4,10 (mit Abendessen € 9,60).

Gegenüber dem Hotel beginnt der Aufstieg. Eine schmale, steile Treppenstiege führt von der Straße weg aufwärts. Die grüne Wandermarkierung am schmiedeeisernen Laternenpfahl ist kaum noch zu erkennen. An der Wand des völlig vergammelten Hauses nebenan ist eine Gedenkplatte für den Papiermagnat Prosper Piette eingelassen, der sich auch als Pionier des Riesengebirgstourismus verdient gemacht hat. Am Waldrand geht es rechter Hand zu einer kleinen Kapelle, die über Dolní Maršov wacht. Wir wenden uns nach links in den Buchenwald hinein. An der folgenden Wegverzweigung läuft geradeaus ein Waldweg nach Janské Lázně (Johannisbad). Die grünen Zeichen scheuchen uns dagegen nach Norden den Berghang hoch.

☹   Im Wald muß etwas nach den grünen Wandermarkierungen gesucht werden.

Alle Abzweigungen bleiben unbeachtet. Am oberen Waldrand knickt der Pfad scharf nach Nordwesten ab, flacht etwas ab und windet sich weiter bergauf. Während linker Hand der bewaldete Hang steil abfällt, streift nach Norden der Blick über Wiesen bis zum Grenzkamm am Horizont. Als fotogen erweisen sich Zunderporlinge, die gleich in Kolonien von den Baumstämmen Besitz ergriffen haben.

Die hutförmigen, scharfkantigen bis zu 50 cm großen Pilze (📷 ☞ nächste Seite) sind vor allem auf kranken, altersschwachen Buchen anzutreffen. Aus dem weichen Inneren wurde früher Zunder hergestellt, der vor der Erfindung des Streichholzes zum Feuermachen fast unersetzlich war.

Sowieso gilt das Tal der Úpa als Pilz- und Heidelbeerparadies. Von den örtlichen Speisekarten sind die leckeren Walderzeugnisse nicht wegzudenken.

Stetig bergauf stoßen wir schließlich auf einen asphaltierten Forstweg nahe der frisch renovierten **Modrokamenná bouda** (790 m) (⧖ 1 ¼ Std.) (Blausteinbaude).

🚪   Modrokamenná bouda, 54225 Janské Lázně, ☎ 499 875 355 (deutschsprachig 777 901 023), 🛏 ganzjährig, 45 Betten, Sauna, Halbpension Kč 300/Pers.

Es geht nun mit Gelb weiter. Nach nur einigen Metern auf dem Forstweg in südliche Richtung jagt uns die gelbe Route wieder steil im Fichtenwald den südöstlichen Grat der Světlá hora (1.244 m) (Lichte Höhe) hoch. Der Waldpfad kreuzt einen weiteren asphaltierten Forstweg und schraubt sich in langgezogenen Kehren als stufiger Wurzelweg zu den mächtigen bis zu 15 m hohen Quarzitfelsgruppen der Modré kameny (964 m) (Blausteine) hinauf.

🏔   Die oberste Felsgruppe kann leicht erklettert werden. Vom natürlichen "Aussichtsturm" ergibt sich ein grandioser Überblick über die Baumwipfel auf Janské Lázně, Svoboda nad Úpou und nach Norden bis zu Pomezní boudy. Gegenüber am Kamm Rýchory ist deutlich die Rýchorská bouda zu erkennen und im Süden verliert sich die Sicht weit hinter Trutnov im tschechischen Gebirgsvorland.

Nahebei am Wege-T **nad Modré kameny** (968 m) (⧖ 1 ¾ Std.) treffen wir auf den Radnaturlehrpfad rund um die Černá und Světlá hora. Informationstafeln am Wegesrand beschreiben die interessantesten Begebenheiten des Gebietes. Nun kann erst einmal aufgeatmet werden, denn es geht auf dem asphaltierten Weg leicht bergab in nördlicher Richtung zu den 1 km entfernten Krausovy body (945 m). An der Wegverzweigung bei den Hütten biegen wir aufwärts in den Osthang der Světlá hora ab. Kurz hinter einem Schlagbaum gabelt sich der Asphaltweg erneut. Wir halten uns geradeaus an den Radnaturlehrpfad.

Nach einem kurzen steilen Anstieg endet der Asphaltbelag. Im leichten Auf und Ab zieht sich der gute Höhenweg - auch Heřmanova cesta - am steil abfallenden Berghang entlang. Sobald er sich um den Nordgrat der Světlá hora krümmt, versperren erstmals keine hohen Fichtenbäume die Sicht und vor uns entrollt sich das Bergpanorama des mittleren und östlichen Riesengebirges.

Von West nach Ost sind als höchste Gipfel auszumachen: Kotel, Liščí hora, Zadní Planina, Luční hora, Studniční hora, Sněžka, Růžová hora, Obří hřeben, Svorova hora und Pomezní hřeben.

Zu unseren Füßen liegt der tief eingeschnittene Talkessel des Vavřincův důl (Lorzgrund). Dessen Westhang nimmt die malerische Wiesenenklave Velké Tippeltovy Boudy (Große Tippeltbauden) ein. Oberhalb davon sind im Nordwesten auf dem Sattel zwischen Světlá hora und dem niedrigeren Vlašský vrch (Walschhügel) schon als nächstes Ziel die Hütten der Vlašské Boudy zu sehen. Die charakteristischen volkstümlichen Blockhäuser der Wiesenenklaven lassen frühere Jahrhunderte wieder auferstehen. Alles scheint wie anno dazumal zu sein.

Die Blockbauten des Riesengebirges

Die Krkonošské roubenky - die Riesengebirgsblockhäuser - entstanden in den vorigen Jahrhunderten als einfache hölzerne Blockbauten, die später zur Baudenwirtschaft (☞ Land und Leute, Geschichte, Baudenwirtschaft) schon als ständig bewohnte Unterkünfte genutzt wurden. Mehrere dieser typischen Häuser blieben bis heute weitestgehend erhalten wie u.a. die Velké Tippeltovy Boudy.

Die dreiräumigen Häuser sind aufgeteilt in eine Stube, Diele und Kammer (oder einen Stall). Auf dem gemauerten Steinfundament ruht eine Balkenkonstruktion aus prismatisch gezimmerten Stämmen. Die Fugen wurden mit Moos, Stroh und Holzsplittern gestopft, dann mit Lehm verschmiert und geweißt. Durch kleine Fenster blieb der Wärmeverlust so gering wie möglich. Das steile Satteldach und der Giebel wurden mit Holzschindeln gedeckt, die günstiger waren als aufwendig gesägte Bretter.

Durch Dachluken konnte das Heu direkt auf den Dachboden eingefahren werden. Später erfolgte die Einlagerung statt über eine Leiter durch eine Dachgaube, die von der Hangseite aus betreten werden konnte.

Zunderporlinge

Oberhalb der Velké Tippeltovy Boudy umwandern wir im Talschluß den Vavřincův důl. Dabei verlieren wir etwas an Höhe, die aber gleich wieder aufgeholt werden muß. Am höchsten Punkt wechselt der Höhenweg in eine Fahrstraße über und läuft bequem bergab direkt auf die Vlašské Boudy (985 m) (⌛ 3¼ Std.) (Walschbauden) zu. Der Name steht für die ehemaligen Gründer der Wiesenenklave, die nach 1566 aus Südtirol hierher kamen. Nach ihrer Sprache Walsch - eine Mundart von Welschitalienisch, hießen sie für die Einheimischen schlicht die Walschen.

⌘   An der Straßenverzweigung im "Ortskern" wenden wir uns mit Gelb nach Westen zum höchsten Punkt des Sattels. Rechter Hand liegt die idyllische Bergfarm der Familie Sosna - die Horská farma Sosna - ein Muß jedes Riesengebirgsbesuches. Wie in alten Zeiten leben sie von der traditionellen Almwirtschaft.

Vielerorts bereitet die Verkümmerung der ungenutzten Heuwiesen bereits Probleme. Durch Düngen und zweimaliges Mähen pro Jahr wird hier die Pflanzenvielfalt auf den Bergweiden erhalten. Im Frühjahr und Sommer ähneln sie Blütenmeeren in allen Farben des Regenbogens.

☺   Ein zusätzlicher Vorteil: im hauseigenen Verkaufsstand gibt es u.a. Farmářova Svačina (Bergjause), Chléb s česnekova xvarohovým krémem (Brot mit Knoblauch und Quarkkäse), Podmáslí (Buttermilch), Jogurt Ovocný (Fruchtjoghurt), Mléko (Kuhmilch) und leckere české Buchty (böhmische Buchteln mit Vanillesauce). Und alles wird frisch selbstgemacht.

✗   Horská farma Sosna, David und Wěra Sosna, 54222 Pec pod Sněžkou 3, ☎ 499 796 470, ⛾☐ tägl. außer Mo. solange der Vorrat reicht. Wenn die Jalousie von der Theke geschlossen ist, bitte klingeln. Klingel rechts der Theke an der Wand.

Rast an der Horská farma Sosna

Die Bergwiesen der Wiesenenklave Vlašské Boudy werden heute wieder bewirtschaftet

An der Farm vorbei knickt die Straße unvermittelt nach Süden zur Wegkreuzung **nad vlašskými boudami** (1.012 m) ab, wo uns der nächste größere Anstieg erwartet. Schnurgerade schießt der gelb markierte *Hubertova cesta* den teilweise bewaldeten Bergrücken nach Süden hinauf. Auf halber Höhe kreuzt er eine sandige Fahrstraße, durchquert einen wüsten Kahlschlag und berührt eine Lichtung.

🌿   Am anderen Ende der Lichtung dehnt sich auf dem weiten Sattel zwischen Světlá hora und Černá hora das Torfmoor Černohorské rašeliniště (1.198 m) (⏳ 3¾ Std.) (Schwarzenbergmoor) aus. Das größte Quellgebietsmoor im Riesengebirge hat eine Fläche von 66 ha und eine maximale Tiefe von 2,5 m. Viele seltene Pflanzen gedeihen in dem 1952 gegründeten Naturschutzgebiet. Ein spannender Naturlehrpfad führt über Laufplanken einmal rundherum.

Bei jedem Schritt über den leicht schwammigen, federnden Moorboden schwingt Mystik mit. Wie viele Geheimnisse verbergen erst die Mooraugen, die schwarzen Löcher des Moores. Unliebsame Personen könnte man problemlos in den dunklen Tiefen verschwinden lassen.

An sonnigen Tagen verliert das Schwarzenbergmoor viel von seiner düsteren Wirkung. Karpatenbirken und Latschenkiefern spiegeln sich im Wasser. Krähenbeere, Torfmoose und Wollgras sorgen für farbenfrohe Akzente. Gefahr besteht einzig für Insekten. Die klebrigen Blätter des Sonnentaus werden ihnen zum tödlichen Verhängnis.

☺   Am reizvollsten wirkt das Moorgebiet Mitte Juli, wenn das Wollgras in voller Blüte steht und das Moor weiß überhaucht.

✋   Im Oktober zur Hirschbrunft ist der Zugang zum Moor nicht gestattet.

Am **Wege-T** im Moor biegen wir mit Gelb nach Westen ab. Am nördlichen Rand des Moores entlang gelangen wir am Ende der Lichtung zur *Hubertova hlídka* (Hubertuswache).

🏛   Die exponierte Stelle im Bergrücken ist nach dem Patron der Jäger benannt worden und bietet wieder eine schöne Aussicht auf das mittlere und östliche Riesengebirge.

Nun beständig dem nordwestlichen Rand des Moores folgend erreicht der Pfad teilweise auf Laufplanken das nächste Wege-T.

✍   Nach links lohnt sich ein kurzer Abstecher zum Aussichtsturm, von dem der mittlere - wertvollste - Teil des Moores überblickt werden kann.

Rechter Hand befindet sich 100 m weiter die Wegverzweigung **Nad Javořím Dolem** (1.182 m), wo wir südwärts Richtung Černá bouda abbiegen.

☺   Wer wenig Zeit hat, kann hier abkürzen indem er die Besteigung der Černá hora ausläßt. Geradeaus ist es nicht weit auf Grün bis zum breiten Hauptweg, auf dem sich am Wege-T im Javoří Důl die Wandertour nach Norden fortsetzt. Die nächste Übernachtungsmöglichkeit wäre dann nach 1 km die Kolínská bouda (☞ Etappe 6).

Nicht weit entfernt biegen wir erneut ab und folgen nun dem grün markierten Naturlehrpfad entlang des südwestlichen Rand des Moores. Der Pfad endet oberhalb des schluchtartigen Těsný důl (Enger Grund). Am Wege-T **U Pardubické Boudy** (1.196 m) schließen wir uns Blau an. Zunehmend steiler überquert die Route hinauf zur Černá hora einen breiten Sandweg und stößt hinter einer Kurve am Waldrand auf die **Černá bouda** (1.265 m) (⌛ 4¼ Std.) (Schwarzschlagbaude).

🏨   Hotel Černá bouda, Černá hora 171, 54225 Janské Lázně, ☎ 499 875 360, FAX 499 875 193, ▯ ca. 15.04. bis 30.06. geschlossen, ✕ 8:00 bis 22:00 Uhr, Ski-/Mountainbikeverleih, 110 Betten, Halbpension Kč 650/Pers.

Am oberen Ende der Černá paseka (Schwarze Lichtung) entstand nach 1785 die als Schwarzschlagbaude bezeichnete Holzfällereinöde. Nur die Försterei blieb davon übrig, die im Jahre 1888 zu einer Bergherberge umgebaut wurde. Nach dem Bau der Seilbahn 1928 wurde sie zu klein. Die neue Hütte brannte allerdings bereits Ende der 70-iger Jahre des letzten Jahrhunderts ab und wurde leider 1994 durch den heutigen modernen Hotelklotz ersetzt.

🏔   Von der Terrasse genießen wir einen schönen Blick zurück auf den Hauptkamm mit der Sněžka. Besonders beeindruckend ist es bei Sonnenaufgang, wenn alles in goldenes Licht getaucht ist.

Von der Černá bouda leitet uns das rote Zeichen südwärts über den **höchsten Punkt** (1.281 m) zur **Rachotova bouda** (nur für Schulklassen) und einem Kiosk auf dem Osthang der Černá hora.

♀   ⬒ nur zur Hauptsaison im Winter und Sommer.

⇧   Eine Fahrstraße führt zur Sendeanlage auf dem ebenen Gipfel der Č**erná hora** (1.299 m). Allerdings verhindert der Fichtenwald jegliche Aussicht.

▮   Die Gipfelaussicht kann aber nachgeholt werden. In der entgegengesetzten Richtung erhebt sich in einem breiten Waldkorridor die stählerne Konstruktion des Aussichtsturmes. Der Trampelpfad zu dem 200 m entfernten Turm kann bei Nässe ziemlich schlammig sein. Besser ist dann der Asphaltweg, der bei der Sokolská bouda zum Turm abzweigt. Nachdem die 106 Stufen zur 21 m hohen Aussichtsplattform bewältigt worden sind, haben wir eine grandiose Rundumsicht über das Riesengebirge.

Im Nordwesten blitzen dazu am Horizont die höchsten Gipfel des Isergebirges auf. Im Süden reicht der Blick über das tschechische Gebirgsvorland bis weit nach Hradec Krávlové (Königgrätz). Im Südosten schließen sich die kleineren Gebirge des Vraní hory (Rabengebirge), Broumovské Mezihoří (Falkengebirge) und Orlické hóry (Adlergebirge) an.

Im Nordosten schieben sich die einzelnen Bergzüge der Sudeten in Polen mit Rudway Janowickie (Landshuter Kamm), Góry Wałbrzyskie (Waldenburger Gebirge) und Góry Sowie (Eulengebirge) ins Bild.

▮   Aussichtsturm ⬒ Mo. bis Fr. 14:00 bis 16:00 und Sa. bis So. 10:00 bis 16:00 Uhr oder auch bei Gruppen mit Absprache bei Miloslav Tuček, 54225 Janské Lázně 293, ☎ 499 875 392 bzw. Vratislav Vondra, 54225 Janské Lázně 257, ☎ 499 875 100, K? 20.

Weiter südwärts bergab befindet sich die **Sokolská bouda** (1.255 m) (Sokolbaude) oberhalb aussichtsreichen Bergwiesen. Der riesige rote Kasten mit grünem Dach ist von innen ziemlich vernachlässigt worden. Die langen, kahlen Gänge sind auch nicht gerade einladend. Erbaut 1928 sollte das Berghotel den wachsenden Zustrom der Touristen durch die Fertigstellung der Seilbahn decken. Heute lohnt sich der komplette Betrieb nur noch zur Hauptsaison.

🏠 Berghotel Sokolská bouda, ✕ ⬚ ganzjährig 11:00 bis 18:00 Uhr, ⬚⬚ ganzjährig 10:00 bis 22:00 Uhr, 140 Betten, Unterkunft nur Hauptsaison Win-
ter/Sommer. Wird vom Horský hotel verwaltet. Preise und Reservierung
☞ Horský hotel.

Ein Stück tiefer am steilen Berghang steht das gediegene Berghotel **Horský
Hotel** (1.235 m) (⏳ 4 ½ Std.). Es war ehemals Eigentum des Büros des Präsi-
denten der Republik. Sowohl T.G. Masaryk als auch Edvard Beneš verbrachten
hier im Präsidentenappartement ihren Urlaub und genossen den tollen Ausblick
auf die Kurstadt Janské Lázně am Fuße der Černá hora und über das böhmische
Tiefland. Früher standen zur Zeit der Baudenwirtschaft auf der Wiesenenklave die
Volské Boudy (Ochsenbauden). Als die Bauden zugrunde gingen, wurden an ihrer
Stelle die beiden Berghotels errichtet.

🏠 Horský Hotel und Chata Ski, Janské Lázně 145, 54225 Janské Lázně,
☎ 499 875 171, FAX 499 875 251, ✉ <recepce@horskehotely.cz>,
💻 <www.horskehotely.cz, ⬚ ganzjährig, 🍴, Sauna, 🅿, 187 Betten ab
Kč 320/Pers. für Zimmer mit Dusche/WC auf der Etage mit Frühstück, Kinder bis 10 J. ab Kč 150, Halbpension + Kč 80, Kinder + Kč 60.

Auf der Zufahrtsstraße geht es bergauf zur oberen Station der Kabinenbahn
Lanová Dráha, die von der Černá hora nach Janské Lázně hinab führt.

🚡 Lanová Dráha Černá hora - Janské Lázně, ⬚ ganzjährig 8:00 bis 18:00 Uhr
jede Std., ↑ Kč 80, ↓ Kč 80, ↑↓ Kč 120, Kind bis 130 cm ↑ Kč 60,
↓ Kč 40, ↑↓ Kč 80.
🚌 Janské Lázně-Svoboda nad Úpou-Trutnov, mehrmals tägl., Kč 20. Trutnov-
Janské Lázně-Špindlerův Mlýn von der Bushaltestelle an der Seilbahn tägl.
8:57 und 30.06. bis 31.08. tägl. 11:37, Kč 37. ⬛ www.vlak-bus.cz.

Etappe 6: Černá hora- Špindlerův Mlýn

➲ 21 km
⏳ 5 Std.
↕ ↑ 380 m , ↓ 900 m

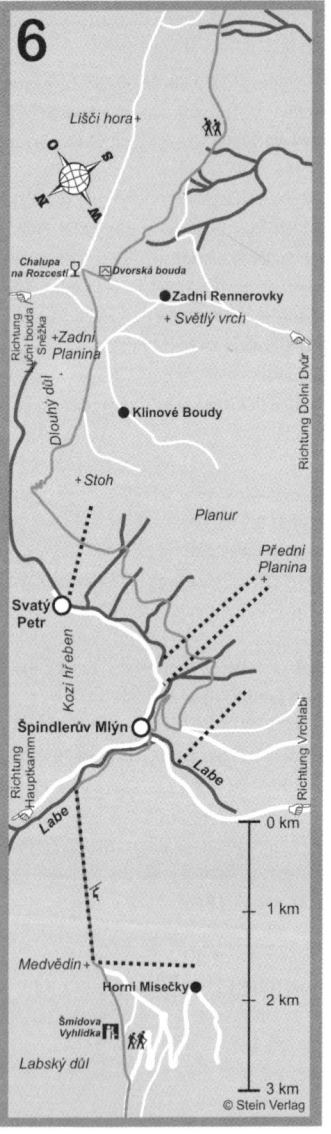

6

Lišči hora+

Chalupa
na Rozcestí   Dvorská bouda
●Zadni Rennerovky
+Zadni   + Světlý vrch
Planina

●Klinové Boudy

+Stoh

Planur

Přední
Planina

Svatý
Petr

Špindlerův Mlýn

Labe

Medvědin+

Horni Misečky●

Šmidova
Vyhlídka

Labský důl

Richtung
Sněžka
Libni bouda
Dlouhý důl

Kozí hřeben

Richtung
Hauptkamm

Labe

Richtung Dolní Dvůr

Richtung Vrchlabi

0 km

1 km

2 km

3 km
© Stein Verlag

Über den Zweigkamm Liščí hřeben, der den České hřeben mit der Černá hora verbindet, wandern wir ohne große Anstrengungen ins Zentrum des Riesengebirges. Nur zum Schluß zieht sich der Abstieg durch den wunderschönen Dlouhý důl etwas zu lang hin.

Von der aussichtsreichen Wiesenenklave mit dem Horský Hotel und der Sokolska bouda unterhalb der **Černá hora** wandern wir wieder mit Rot zurück zur **Černá bouda** (1.265 m). Rechter Hand an dem Hotel vorbei bleiben wir auf dem rot markierten, breiten Kiesweg, der steil über die Hangwiese der **Černa paseka** unter dem Skilift hindurch absteigt. Dann kreuzt er am Waldrand einen sandigen Fahrweg und steigt etwas weniger steil über den sogenannten **Václavák** (Wenzelsplatz) weiter den Nordhang der Černa hora hinab.

Beim Wasserreservoir am Wege-T **Javoří důl** (1.158 m) ⧖ ½ Std.) (Ahorngrund) im Talschluß des gleichnamigen Tales kommen wir wieder auf Tuchfühlung mit dem Torfmoor Černohorské rašeliniště (☞ Etappe 9). Wir halten uns jedoch weiter an Rot, überqueren den **Javoří potok** (Ahornbach) und laufen auf dem bequemen Hangweg oberhalb des schroffen Bacheinschnittes aus dem Tal heraus.

🔢   Geradevor im Norden wird der Blick unwiderstehlich von der allgegenwärtigen Sněžka angezogen, die sich als einziger Gipfel deutlich vom Hauptkamm und dem davor gelagerten Böhmischen Kamm abhebt.

Angenehm bergab passiert unsere rote Route die Wegkreuzung **Pod Kolínskou Boudou** (1.113 m), durchquert einen schmalen Waldstreifen und schwenkt vor der **Kolínská bouda** (1.126 m) (⏳ ¾ Std.) (Koliner Baude) nach Westen ab. Das beeindruckende Holzgebäude im typischen Baudenstil fällt vor allem wegen seiner dreiteiligen Giebelfassade und dem Dachtürmchen auf. Unlängst wurde es komplett neu hergerichtet und vermittelt wieder eine gemütliche Atmosphäre.

🛏   Berghotel Kolínská bouda, Pec pod Sněžkou 139, 54221 Pec pod Sněžkou, ☎ 499 736 201 -209, FAX 499 736 201,

     ✉ <kolinska.bouda@seznam.cz>,

     🖥 <www.nasehory.cz/krkonose/hotelkolinskabouda>, 🛏 ganzjährig, Sauna,

     🏊, Halbpension Kč 555/Pers.

Die Kolínská bouda gehört zur Wiesenenklave **Lučiny**, die sich über den Südwesthang der flachen Kuppe Slatinná stráň (1.152 m) (Mooriger Hang) erstreckt. Wegen ihrer reizvollen Lage zwischen Černá hora und Liščí hřeben (Fuchskamm) zählt die Wiesenenklave zu einer der schönsten des Riesengebirges. Im Süden fällt sie in den schmalen Černý důl (Schwarzer Grund) ab. Auf der anderen Seite unterliegt sie schon dem Einzugsbereich von Pec pod Sněžkou.

Erstmals fand die Lučiny im Jahre 1668 Erwähnung. Am ehesten kann ihr Name als "Bodenwiese" übersetzt werden, womit ein hochgelegener Wiesenplan gemeint ist bzw. als Boden bezeichnet man im Gebirge eine ebene Fläche. In der Schnellsprechweise der tschechischer Mundart wurde daraus dann Bohnwiese. Die Wiesenenklave wurde daher fälschlicherweise auch als Bobí louka - Bohnenwiese - bezeichnet.

🛏 F   Apartmány Zvonička, Lučiny 327, 54221 Pec pod Sněžkou, ☎ 577 103 988

     o. Mobil 723 154 542, FAX 577 103 988, ✉ <zvonicka@zvonicka.cz>,

     🖥 <www.zvonicka.cz>, 🛏 ganzjährig (nur auf Vorbestellung), ab Kč 326/Pers. bzw. ab € 13, Säuberung des Appartements Kč 450.

🛏 B   Horská cžhata Krakonoš, Lučiny 186, 543 44 Černy Důl,

     ☎ / FAX 499 896 349 o. Mobil 603 247 573,

Auch von der Černá hora ist die Sněžka zu sehen

  ✍ <chatakrakonos@volny.cz>, 💻 <www.volny.cz/chatakrakonos>,
  🛏 ganzjährig, ✗ 🛏 tägl. 10:00 bis 17:00, 70 Betten, Halbpension
  € 13/Pers..

♦ Pražská bouda, Lučiny 215, 543 44 Černy Důl, Büro ☎ / FAX 499 896 325 o.
   Bar 499 896 336, ✍ <WIEN@volny.cz>,
   💻 <www.mujweb.cz/www/prazskabouda>, 🛏 ganzjährig, 75 Betten,
   Kč 400/Pers. mit Frühstück (+ Kč 90 mit Abendessen).

♦ Horská chata Helena, Lučiny 183, 543 44 Černy Důl, ☎ / FAX 499 896 324
   o. Mobil 602 435 004, ✍ <qsport@mbox.vol.cz>, 💻 <www.q-sport.cz>,
   🛏 ganzjährig, ab Kč 190/Pers. mit Frühstück (+ Kč 60 mit Abendessen),
   Kinder bis 12. J. ab Kč 160/Pers. mit Frühstück (+ Kč 40 mit Abendessen).

♦ Lidická Bouda, Lučiny 319, 54221 Pec pod Sněžkou, ☎ 499 732 029 o.
   (deutschsprachig) Mobil 606 390 144, FAX 499 732 026,
   💻 <www.ceske.hory.cz/lidicka>, 🛏 ganzjährig, 35 Betten, Juli/August: Halbpension € 30, Nebensisaon: Halbpension € 28.

♦ Bouda Slovanka, Na Lučinach 182, 54344 Černy Důl, ☎ / FAX 499 896 332
   o. Mobil 607 688 820, ✍ <boudaslovanka@tiscali.cz>,
   💻 <www.boudaslovanka.cz>, 🛏 Ende April/Anfang Mai und November

geschlossen, 60 Betten, ab Kč 295/Pers..

♦ Bobí bouda, abgebrannt.

↪ P Pension Oddech, Černy Důl 213, 54344 Černy Důl, 499 896 354,
    FAX 499 896 355, ✒ <oddech.chata@worldonline.cz>,
    ▣ <http://tiscali.cz>, 45 Betten, Kč 280/Pers. mit Frühstück.

An der Wegverzweigung vor der **Pražská bouda** (Prager Baude) biegen wir mit
Rot in Richtung Liščí louka bergab ab. Mit leichten Gefälle schlängelt sich die
Straße zwischen den Berghütten hindurch zur benachbarten Wiesenenklave
Hrnčířské Boudy (1.070 m) (Töpferbauden). Sie entstand etwas später als die
anderen Wiesenenklaven, nämlich erst Mitte des 19. Jh.. Ab 1897 kam sogar
eine Schule dazu, die 5 bis 12 Kinder aus der Umgebung noch bis vor ein paar
Jahren besuchten.

↪ Chata Mír, ☞Cihlářská bouda.

♦ Cihlářská bouda, Černy Důl 200, 54344 Černy Důl, ☎ 499 896 340,
    FAX 499 896 327, ✒ <recepce@cihlarska.cz>, ▯ September geschlossen,
    112 Betten, Halbpension € 12.

↪ B Náchodská bouda, Černy Důl 206, 54344 Černy Důl, ☎ / FAX 499 896 341
    o. Mobil 603 145 312, ✒ <nachodskabouda@post.cz>, ▯ in der Neben-
    saison Mai/Juni und Oktober/November bei zu wenig Buchungen geschlos-
    sen, Halbpension ab Kč 360.

↪ P Chata Hájenka, 54344 Černy Důl, ☎ 499 896 331, ab Kč 310/Pers.

Vor der Chata Mír knickt Rot abrupt nach links ab. Bereits 60 m weiter stehen
wir am nächsten Wege-T zwischen dem Hotel und linker Hand der ehemaligen
Schule. Dort folgen wir Rot noch ein kurzes Stück auf der Straße nach rechts zur
Wegverzweigung **Pod Boudou Mír** (1.058 m). Nun schließen wir uns Grün an.
Der Pfad verschwindet über die Wiese westwärts im Fichtenwald, durchquert den
oberen Bacheinschnitt der **Čistá** (Die Reine) und läuft leicht bergab direkt auf die
markanten **Tetřeví boudy** (1.028 m) (⌛ 1 ¼ Std.) (Auerhahnbaude) zu. Der monströse Hotelkomplex verschandelt mit seinen seltsam dreieckig geformten Traban-
ten den ganzen Hang.

↪ Tetřeví boudy, Tetřeví boudy 380, 54344 Černy Důl, ☎ 499 896 312-315 o.
    Mobil 601 245 480, FAX 499 896 329, ✒ <mair@pvtnet.cz>,

💻 <www.mujweb.cz/www/tetrevi_boudy>, 🛏 ganzjährig, Sauna, Ski- und Mountainbikeverleih, 150 Betten, Halbpension ab Kč 360/Pers.(Kinder ab Kč 210).

Wir wenden uns auf der Straße nach Norden zur nahen Straßenverzweigung und folgen weiter nordwärts der Ausschilderung Špindlerův Mlýn und den gelben Zeichen. Hinter einer kleinen Waldzunge klettert die gelbe Route hinauf zur Wiesenenklave Liščí louka (Fuchswiese) und der **Lyžařská bouda** (1.210 m) (Skiläuferhütte). Diese trotzt in luftiger Höhe unterhalb des Gipfels **Liščí hora** (1.362 m) (Fuchsberg) den Elementen.

Uns bleibt der heftige Anstieg jedoch erspart. Auf der Straße queren wir praktisch beständig sacht ansteigend den Südhang des **Liščí hřeben** (Fuchskamm). Zahlreiche Bäche haben tiefe Furchen in den Kamm geschlagen und dazwischen scharfe Berggrate ausgewaschen. Zurück blieb eine beeindruckende Berglandschaft. Weniger erfreulich sind verschiedene große, kahle Flecken, die von der intensiv betriebenen Holzgewinnung zeugen.

📷   Zurück ergeben sich immer wieder schöne Ausblicke auf die Černá hora. Gut ist zu erkennen, wem die majestätische Kuppe ihren Namen zu verdanken hat. Die dunklen Fichtenwälder verleihen dem Gipfel im Dunst des Tages tatsächlich ein fast schwarzes Kleid. Über die schroffen Talkessel schweift der Blick nach Vrchlabí (Hohenelbe) am südwestlichen Gebirgsrand.

Am Westende des Liščí hřeben verlassen wir die Straße und steigen auf einem grün markierten Pfad angenehm aufwärts gehend durch einem mit Blaubeerbüschen durchsähten Wald zur Wiesenenklave **Zadní Rennerovky** (1.249 m) (Hintere Rennerbauden) auf. 1879 traf die kleine Siedlung eine furchtbare Tragödie. Einer der Bewohner erfror nur wenige Schritte von seiner Hütte entfernt in einem Schneesturm. Als er gefunden wurde, umklammerte er immer noch mit den Händen den Stab der Wegmarkierung.

Weiter bergauf schaut die **Dvorská bouda** (1.320 m) (⧖ 2¼ Std.) Hofbauden auf die Wiesen herab.

🛏 B   Dvorská bouda, 54957 Strážné 111, ☎ 499 896 247, FAX 499 896 357, 🛏 nach Ostern 4 Wochen geschlossen, 120 Betten, Kč 400/Pers. ohne Frühstück (Frühstück + Kč 40, Abendessen + Kč 60).

🏠   Von ihrem Ausguck knapp unterhalb der Kammhöhe erfaßt die Dvorská bouda das südöstliche Riesengebirge zwischen Vrchlabí und Černá hora.

Noch überwältigender gestaltet sich das Gebirgspanorama allerdings von der höher gelegenen **Chalupa na Rozcestí** (1.349 m) (Hütte an der Weggabelung). Ein sandiger Fahrweg überwindet bequem die letzten paar Meter hinauf. Von außen ist das moderne Gebäude etwas unscheinbar. An kalten Tagen mag man die Wärme des enormen Kamins im Inneren jedoch am liebsten nicht verlassen.

♟   Chalupa na Rozcestí, 🛏 von 10:30 bis 16:30 (bei viel Betrieb auch mal länger), Fr. geschlossen, keine Übernachtung.

Die Berghütte nimmt mit ihrem Platz auf dem ausgedehnten Sattel zwischen den flachen Kuppen Zadní Planina (1.423 m) (Hinterer Plattenberg) und Svĕtlý vrch (1.313 m) (Friesberg) und dem Kamm Liščí hřeben einen wichtigen Scheidepunkt ein. Alle Fäden der Wanderwege laufen hier im Zentrum zusammen. Egal wohin es im östlichen Riesengebirges gehen soll, alles ist von hier aus gut erreichbar.

🏠   Dementsprechend ist die Aussicht: Nach Norden ist es beinahe nur ein Katzensprung zum Grenzkamm mit Luční hora, Studniční hora und Snĕžka. Im Osten blicken wir in die Tiefe auf die Gemeinden Pec pod Snĕžkou und Velká Úpa im Tal der Úpa. Dahinter reihen sich Pomezní und Dlouhý hřeben und das Gebirge Rýchory aneinander. Im Süden wandert der Blick von der Černá hora über das Gebiet der Malé Labe (Kleinen Elbe) und ihren zahlreichen Zuflüssen nach Vrchlabí.

Von der Wegespinne vor der Chalupa na Rozcestí weist uns Blau in Richtung Špindlerův Mlýn den Weg zum Kamm **Pláň** (Planur). Der nach Westen verlaufende Kamm wird von den Bergen Zadní Planina, Stoh und Přední Planina geformt.

Ein paar Minuten später an der Wegverzweigung **Nad Klínovymí Boudamí** (1330 m) (Oberhalb der Keilbauden) halten wir uns weiterhin an den breiten Kiesweg, der über den Südhang des Zadní Planina mit zunehmenden Gefälle zwischen strauchartigem Knieholz hindurch bergab führt. Wiederum nur nach einigen Minuten gelangen wir zu Weggabelung **Klínové boudy** (1.277 m) (⌛ 2 ¾ Std.) (Keilbauden).

Unterhalb der Gebirgswiesen erstreckt sich das Tal des Klínový potok (Keilbach). Die Enklave war bis 1945 das ganze Jahr über bewohnt. Ihre Haupteinnahmequellen waren die Viehzucht und der Tourismus. In der Kantorská Baude befand sich die Schule. Die ehemalige Keilbaude brannte dagegen 1970 nieder. Der Name bezieht sich vermutlich auf die Bergbauvergangenheit der Gegend. Hier wurden die Bergeisen (Keile) geschärft, mit denen die Erze aus dem Gestein geschlagen wurden.

🏠 Bei schönen Wetter eignen sich die Wiesen als hervorragende Picknickplätze mit Aussicht über die idyllische Szenerie.

Während der breite Kiesweg sich von uns ins Tal hinab kehrt, setzen wir unsere Wanderung geradeaus über die Wiesen fort. Der blau markierte Pfad führt am Hang entlang leicht bergauf und quert dabei etliche Rinnsale.

☺ Unterwegs können wir an einer Quelle die Trinkflaschen nachfüllen.

Auf dem bewaldeten Sattel zwischen Zadní Planina und dem kleineren **Stoh** (1.315 m) (Heuschober) gabelt sich der Pfad. Unsere blaue Route wechselt auf die nördliche Seite des Kammes und taucht in den angrenzenden **Dlouhý důl** (Langen Grund) ab.

🏠 Sobald sich der Fichtenwald lichtet, öffnet sich eine fantastische Aussicht in den wilden Talgrund, der auf der anderen Seite von den steilen Hängen des Kozí hřeben (Ziegenkamm) eingeschlossen wird. Der Gipfelgrat des schmalen, felsigen Bergrückens beherbergt eine wertvolle Vegetation mit allerlei seltenen Pflanzen und steht unter strengstem Naturschutz.

✋ Der schmale Pfad, der über den steil abfallenden Nordhang des Stoh absteigt, ist gut zu gehen. Allerdings sollten Sie schon besser schwindelfrei sein. Aufgrund der Steilwände im Talschluß sind die Wege wegen Lawinengefährdung im Winter geschlossen.

Erschreckend deutlich zeigen sich hier wieder die Ausmaße der durch Umweltverschmutzung bzw. Borkenkäfer und Co. (☞ Land und Leute, Flora und Fauna) verursachten Naturschäden. Großflächig ist der Fichtenwald hier im

Tal zerstört. Die bleichen Baumskelette geben makaber schöne Fotomotive ab. Schließlich wirft vorn am Talausgang der gewaltige Bergkegel des Medvědín seinen Schatten voraus. Nördlich von ihm erhebt sich der Grenzkamm, auf dem die TV-Relaisstation im Gebäude der ehemaligen Schneegrubenbaude zu erkennen ist.

Einen Augenblick gönnt uns der Pfad eine Atempause, bevor er in kurzen, steilen Kehren rasant 120 Höhenmeter durch den Skelettwald hinabstürzt. Anschließend zieht er weit oberhalb von **Svatý Petr** (St. Peter) - einem Ortsteil von Špindlerův Mlýn - am Hang entlang westwärts weiter, kreuzt Skilift und -piste der Ortschaft und weitet sich zu einem Wirtschaftsweg.

Von der Brücke am ersten Bacheinschnitt sind nur noch die Stahlträger erhalten, über die balanciert werden muß.

Langsam wird uns klar, woher der Dlouhý důl wohl sein Namen bekam. Scheinbar endlos lange folgen wir den Einbuchtungen des Kammes immer mit Špindlerův Mlýn vor Augen, das einfach nicht näher rücken will. Immer wieder jagt uns der Weg in den Bacheinschnitten erneut ein Stück hoch, dennoch verlieren wir allmählich an Höhe. Nachdem wir die Seilbahn, die zum Přední Planina hinauf führt (1.106 m) (Vorderer Plattenberg), unterquert haben, dauert es noch ein kleines Weilchen bis wir auf eine Betonstraße stoßen.

Unter uns können wir schon den Straßenverkehr im Ortszentrum hören. Leider überwindet die Betonstraße die letzten Höhenmeter in einer ausgiebigen Serpentine, streift die Talstation der Seilbahn und kehrt am rauschenden Fluß **Dolský potok** entlang wieder um. Über die Brücke und dann nach links geht es nach **Špindlerův Mlýn** (718 m) (⏳ 5 Std.) (Spindlermühle) hinein.

☺ Es lohnt sich, in Špindlerův Mlýn ein paar Tage zu verweilen. Mehrere interessante Rundwanderungen - wie z.B. der Buchar-, Weber- oder Harrachweg - erforschen die Umgebung.

🛏 zahlreiche Hotels, Pensionen, Privatzimmer, Appartements in allen Kategorien und Preisklassen, die sich über die vier Ortsteile von Špindlerův Mlýn verteilen. Etwas außerhalb in den höher gelegenen Gemeinden auch einige schöne Berghütten.

⚠ Autokamp KRNAP- Medvědín, Špindlerův Mlýn 269, 54351 Špindlerův

Mlýn, ☎ 499 523 534, FAX 499 433 369, ✍ <camp@spmlyn.com>, 🛏
ganzjährig, Zelt bis 4 m Kč 70/Tag, großes Zelt Kč 100/Tag, 🚐 u. 🚙 mit
Strom Kč 200/Tag.

✕   zahlreiche Restaurants, vom einfachen Imbiß bis zum gehobenen Restaurant.

🍺   mehrere Cafés.

☺   Speisen oder Übernachten im historischen Ambiente entlang der Elbpromenade in den ältesten und schönsten Hotels von Špindlerův Mlýn (etwas teurer allerdings).

🏪   mehrere Lebensmittelgeschäfte, Foto-, Elektroladen und sonstiges, etliche Souvenirläden.

🚲   mehrere Radverleihe z. B. Ski Areál Špindlerův Mlýn , MTB 1 Tag Kč 200.

BANK Česká spořitelna (Sparkasse) mit EC-Automat, ☎ 499 433 151. Ansonsten mehrere Wechselstuben.

📯   Česká pošta, ☎ 499 493 901.

✯   Ortspolizei, Labská 12, 54351 Špindlerův Mlýn, ☎ 499 523 316 o. Mobil 606 484 805 bzw. Notruf 158. Police CR, Bedřichov 53-B, Špindlerův Mlýn, ☎ 499 433 333.

💊   Lékárná Krakonošova, Bedřichov 40, 54351 Špindlerův Mlýn, ☎ 499 433 335. Praktický lékar, Bedřichov 40, 54351 Špindlerův Mlýn, ☎ 499 433 344. Lékar děti (Kinderarzt), Tosca, 54351 Špindlerův Mlýn, ☎ 499 433 216.

✚   Horská služba, Dům HS Špindlerův Mlýn è.p. 260, ☎ / FAX 499 433 239 o. Mobil 602 448 338.

🚕   Taxi Centrála, ☎ 499 493 220, ca. € 10 zur Špindlerova bouda. Sondergenehmigung fürs eigene Auto hoch zur Špindlerova bouda beim Büro des KNRAP beim Autocamp Medvědín erhältlich, ab Kč 600/Tag.

🚌   Špindlerův Mlýn - Špindlerova bouda, täglich von 8:30 bis 16:30 Uhr stdl., 16.06. bis 31.10. stdl.. ab 06:30, Kč 40, Abfahrt vom großen Parkplatz P2 (Busbahnhof) am Ortseingang. Lomnice-Bedřichov-Horal-Svatý Petr und zurück mehrmals tägl.. Špindlerův Mlýn-Vrchlabí-Janské Lazně-Svoboda nad Úpou-Trutnov, tägl. 10:00, 12:15 u. werktags 5:50, 8:40, Kč 32. Tägl. Verbindungen zu vielen großen Städten z.B. Špindlerův Mlýn-Praha, tägl. 10:30, Kč 132, ◼ ☎ 499 433 114.

P   bewachte Parkplätze: P1 🛏 nur in der Wintersaison im Betrieb. P2 am Ortseingang 🛏 ganzjährig nonstop, Std. Kč 20, 1 Tag Kč 150 (folgende Tage Kč 100). P Medvědin und Hromovka, 🛏 tägl. 08:00 bis 16:00 Kč 100/Tag.

*Der Brückenheilige und schöne alte Hotels im Hintergrund
- die Elbpromenade in Spindlerův Mlýn*

Sommerrodelbahn, Bedřichov 127, 54351 Špindlerův Mlýn,
<www.bobovka.cz>, tägl. von 10:00 bis 22:00 Uhr
(bei Regen nur bis 20:00), Kč 70/Fahrt, Kinder Kč 50/Fahrt.

Schlittenbahn, ☎ 601 222 111, in der Wintersaison bei günstigem Wetter, Kč 190/Fahrt (Kč 230 Nachtfahrt), im Preis einbegriffen Busfahrt zum Start, Schlittenverleih, Unfallversicherung.

Ski Areal Svatý Peter, Plán, Medvědín, Hromovka, Labská, Horní Mísečky, Jilemnická bouda, Krakonoš, Davidovka, große Auswahl an Skiverleihen, zwei Skischulen, eine Snowboardshule. Ski Areál Špindlerův Mlýn, ☎ 499 467 102-111, FAX 499 433 246, <skiareal@skiareal.cz>, <www.skiarealspindl.cz>.

Lanová dráha Medvědín, ganzjährig (zur Wandersaison von 08:30 16:30 jede halbe Std.), ↑Kč 50, ↓ 40, ↑↓ Kč 80 (mit Rad je Fahrt + Kč 10), Kinder 5 bis 10 J. jeweils - Kč 10 je Fahrt. Lanová dráha Svatý Petr-Plán, ganzjährig (zur Wandersaison von 08:30 16:30 jede halbe Std.), ↑Kč 40, ↓ 30, ↑↓ Kč 60 (mit Rad + Kč 10), Kinder 5 bis 10 J. ↑Kč 20, ↓ 15, ↑↓ Kč 30. Alle sonstigen Lifte im Sommer außer Betrieb. Ski Areál Špindlerův Mlýn.

⊗   KRNAP Infozentrum, 📞 tägl. 8:00 bis 12:00 u. 12:30 bis 18:00 Uhr, ☎ 499
433 228-369.

ℹ️   Turistické informační centrum (TIC), Přední Labská 47, 54351 Špindlerův
Mlýn, ☎ 499 433 148, FAX 499 433 355, ✎ <info@spindleruv-mlyn.cz>,
💻 <www.spindleruv-mlyn.cz>, (2 km vor dem Ort an der Straße Nr. 295).
Im Zentrum: TIC, Svatopeterská 173, P.O. Box 24, 54351 Špindlerův Mlýn,
☎ 499 523 656, FAX 499 523 818, ✎ <info@sendme.cz>. Ausgiebige Info
über Unterkünfte: Informace Špindlerův Mlýn, 54351 Špindlerův Mlýn,
☎/FAX 499 523 768, ✎ <info@spmlyn.com>, 💻 <www.spindleruvmly-
ninfo.cz>.

Špindlerův Mlýn

Das heutige Špindlerův Mlýn entstand durch die Vereinigung der vier ehemals
selbständigen Gemeinden Špindlerův Mlýn - Svatý Petr, Volský Důl, Krausovy
Boudy - Labská und Bedřichov. Es verteilt sich dadurch fächerartig in die umliegenden Täler. Schon zu Zeiten von Kryštof Gendorf, Herrscher der Grafschaft
Vrchlabí ab 1533, war Špindlerův Mlýn durch die Elbe in zwei Teile geteilt. Zu
Vrchlabí gehörte alles was östlich des Flusses lag, die Herrschaft Jilemnice (und
damit die Harrachovs) besaß alles am westlichen Ufer.

Die älteste Siedlung ist Svatý Petr, in der sich Bergleute niederließen. Die
ersten Schürfungen reichen in das Jahr 1516 zurück. In der Blütezeit des Bergbaus im 17. Jh. lieferten die Zechen Silber und Kupfererz allein nur nach Prag
im Wert von 10.000 Gulden. Die Arbeit war aber mühselig und nicht ungefähr-
lich. Wassereinbrüche - besonders nach heftigen Unwettern, Feuersbrünste und
Lawinen forderten so manches Todesopfer. Dementsprechend fantasievoll fielen
die Namen der Gruben aus: Gottessegen, Hilfgott, Himmelsmeer, Segensglück,
Gottestrost, Schwarzer Adler, St. Matthäus u.a.. Nach dieser ersten Schürfwelle
wurde mindestens ein halbes Jahrhundert lang kein Erz mehr abgebaut. Ab
1692 erfolgten noch mehrere Versuche. Doch alle scheiterten.

Mit den Bergleuten kamen Holzfäller aus Württemberg und Tirol in die Täler,
die die Siedlung Krausebauden (heute Labská) gründeten. Neben den Stützen
für die hiesigen Gruben, flößten sie Bäume auch zu den Bergwerken der Kutná
hora bei Svoboda nad Úpou. Die Familiennamen wie Kraus, Erlebach und Ber-
ger sind auch heute noch im Gebirge anzutreffen.

In Bedřichov gab es 1743 nur drei Hütten. Es verdankt sein Entstehen dem Glasmacher Fabian Donth, der 1746 die Bewilligung vom Reichsgrafen Harrach bekam, hier eine Glashütte zu errichten. Bereits 40 Jahre später war diese nur noch eine Ruine, doch der Grundstein zur Siedlung war gelegt.

Zum Gottesdienst trafen sich die frommen Gebirgler in einer kleinen Holzkapelle in der Nähe der St.-Peter-Zeche, die sich jedoch bald als zu klein erwies. Sie wandten sich an den Kaiser Franz Josef II. in Wien, um den Bau einer Steinkirche genehmigen zu lassen. Die Bittschrift wurde in der Mühle des Müllers Spindler aufgesetzt und so stand es auch auf dem Papier. Da der Kaiser nicht recht wußte, wohin er den Brief mit der Erlaubnis schicken sollte, nahm er als Adresse einfach "Spindlermühle". Und dabei blieb es.

Der Aufschwung durch den Tourismus setzte erst relativ spät ein, als zu den bisher schwer zugänglichen Siedlungen die Straße von Vrchlabí durch das Elbetal Ende des 19. Jh. fertiggestellt wurde. Heute gilt Špindlerův Mlýn als "Perle des Riesengebirges" wegen seiner schönen Lage mitten im Nationalpark und umgeben von hohen Bergrücken. Trotz verschiedener Versuche dem malerischen Landschaftsbild durch einige Hotelkästen ein paar Risse zu verpassen, konnte sich die weit verstreute grüne Ortschaft einen Teil seiner Ursprünglichkeit bewahren.

Im Gegensatz zu Harrachov ist es daher auch nicht ganz so offensichtlich, wenn sich zu Stoßzeiten zu den 1.300 Einwohnern etwa 14.000 Touristen gesellen.

Etappe 7: Špindlerův Mlýn- Harrachov

➲   13,5 km
⏳   3 Std.
↕   ↑ 300 m , ↓ 520 m
⇧   Medvědín (1.235 m), Krkonoš (1.410 m), Čertová hora (1.021 m)

Über die Gipfel des zweiten Flügels des České hřeben erwartet uns eine aussichtsreiche Wanderung zur Čertová hora - einmal quer durch das westliche Riesengebirge. Ein kleinerer Anstieg erfolgt auf bequemen Wegen. Der sportlich Höchstleistungen fordernde An- und Abstieg auf die Kämme und wieder hinab kann entspannt mit dem Sessellift absolviert werden.

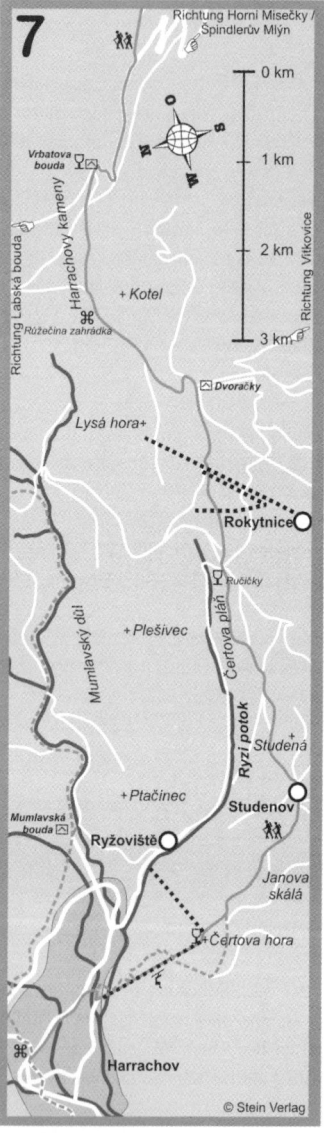

7

0 km

1 km

2 km

3 km

Vrbatova
bouda

Harrachovy kameny

Richtung Labská bouda

Richtung Vítkovice

+ Kotel

Růžečina zahrádka

Dvoračky

Lysá hora+

Rokytnice

Ručičky

+ Plešivec

Čertova pláň

Mumlavský důl

Ryzí potok

+Studená

+ Ptačinec

Studenov

Mumlavská
bouda

Ryžoviště

Janova
skála

+Čertova hora

Harrachov

© Stein Verlag

☺   Wer sich doch lieber auf eigenen Füßen den Medvědin hochkämpfen will, wählt an der alten Bogenbrücke über die Elbe die roten
Zeichen. Durch den Ortsteil Bedřichov hindurch führt der *Vodovodni
cesta* hinauf nach Horní Mísečky
(Obere Schüsselbauden). Rot steigt
dann weiter auf zum Gipfel. Letztes
Stück auf dem Zufahrtsweg.

Kurz vor dem Zusammenfluß der
Labe (Elbe) mit dem Dolský potok im
Zentrum von **Špindler**ův **Mlýn** über-
queren wir die Labe über die alte
Bogenbrücke.

☺   Hier treffen wir auch auf die
meist fotografierte "Person" des Ortes.
Es ist der Heilige Johannes von Nepo-
muk. Als Brückenheiliger schützt er
vor Überschwemmungen und Ver-
leumdungen. Beides kam in Böhmen
sehr häufig vor und so avancierte er zu
einem wichtigen Landessymbol. Das
Ensemble mit der hübschen kleinen
Statue, der Brücke und im Hintergrund
der Fluß mit den stilvollen alten Hotels
verlockt fast jeden, die Kamera zu
zücken.

Auf der orographisch rechten Fluß-
seite wandern wir auf der Uferprome-
nade mit Blau gemächlich talaufwärts.
Nach 1 km kommen wir zur Talstation
der Medvědínbahn.

🚠   Lanová dráha Medvědín ☞ Špindlerův Mlýn.

☺   Die beste Aussicht auf Špindlerův Mlýn erhalten wir während der Fahrt mit dem Vierersessellift hinauf zum Medvědín.

📷   Vom Gipfel des **Medvědín** (1.235 m) (Schüsselberg, auch Bärhügel genannt) ergibt sich ebenfalls ein schöner Ausblick auf Špindlerův Mlýn und die umgrenzenden Täler. Im Süden beim Ortsteil Labská blinkt das Wasser der Labská přhrada auf. Die 1 km lange Talsperre wurde Anfang des 20.Jh. gebaut, um Überschwemmungen durch Schmelzwasser im Frühjahr oder durch Wolkenbrüche zu verhindern. Gut ist auch der Durchbruch der Elbe im Böhmischen Kamm zu sehen, der den Medvědín vom Pláň trennt.

✗   Restaurant Bergstation Medvědín, 🍴 ganzjährig im Sommer von 09:00 bis
        16:30 Uhr (Winter bis 18:00 Uhr).

   Vom Wegweiser auf dem Gipfel folgen wir der gelben Markierung in Richtung Vrbatova bouda. Leicht bergab führt uns der gute Wanderweg ins kleine Hochmoor **Svinské louže** (Saulache) auf dem Sattel zwischen Medvědín und dem schmalen Bergrücken Krkonoš. Zwischen Baumskeletten hindurch fällt der Blick nach Norden auf den westlichen Teil des Hauptkammes, der auch als schlesischer Kamm bezeichnet wird. Anhand der markanten TV-Relaisstation läßt es sich ohne Probleme abschätzen, an welcher Stelle sich die Śnieżne Kotly (☞ Etappe 1) hinter dem gewellten, öden Rücken verbergen.

   Laufplanken helfen durch das Moor hindurch. Der anschließende kurze, steile Anstieg bringt uns ins Schwitzen. Auf halber Höhe übernimmt Rot an der Wegverzweigung **Pod Šmídovou Vyhlídkou** (1.251 m) die Führung nach Nordwesten.

📷   Am höchsten Punkt versteckt sich rechter Hand hinter Latschenkiefern der Aussichtspunkt **Šmídova Vyhlídka** (1.277 m) (⏳ ¼ Std.) (Schmidt-Blick). Diese Stelle gedenkt des gräflichen Oberförsters Ludwig Schmidt, der im 19. Jh. die Markierung der Wanderwege mit Stangen einleitete. Von der kleinen Terrasse aus umfaßt der Blick einen großen Teil des sagenumwobenen Tales Sedmidolí (Sieben Gründe) und des von einem Gletscher ummodellierten Labský důl (Elbgrund) (☞ Land und Leute, Geologie).

Auch hier haben die Naturkatastrophen des letzten Jahrhunderts schwere Verwüstungen angerichtet. Zusätzlich fegten 1966 orkanartige Böen das Tal hinauf, die die wenig widerstandsfähigen Fichten gleich bündelweise brachen. Größtenteils konnten die wild durcheinander aufgestapelten Bäume nur per Hubschrauber beseitigt werden. Einiges ist noch heute zu sehen. Daß der Talschluß jedoch fast baumlos ist, ist auf die hohen Felsabstürze zurückzuführen. Hier befinden sich immerhin 11 Lawinenbahnen, von denen jährlich riesige Schneemassen herunter krachen - mit der größten Frequenz im ganzen Riesengebirge.

Knappe 500 m weiter mündet der Weg in die *Masarykova silnice*. Die für den öffentlichen Verkehr gesperrte Bergstraße wurde 1936 als Teil der Befestigungslinie gegen Deutschland im Ersten Weltkrieg fertiggestellt. Auf ihr steigen wir ohne große Anstrengungen über die Südflanke des **Krkonoš** (Goldhöhe) auf. Unter uns breitet sich das zauberhafte Tal der Jizerka (Kleine Iser) mit den Siedlungen Horní und Dolní Mísečky aus. Die Straße endet oben an der **Vrbatova bouda** (1.396 m) (⏱ ¾ Std.) (Weidenbaude). Sie ist mit ihrem Baujahr 1964 die jüngste Berghütte des Riesengebirges.

🚏 B   Vrbatova bouda, Zlaté návrší, Vítkovice, 🚌 ganzjährig 09:30 bis 16:00, ☕ anbei, keine Übernachtung.

🚌   Nur im Winter nach Horní Mísečky von 9:30 bis 16:00 stdl..

⌘   Bunkerbesichtigung im Sommer, 🛈 Kiosk.

Die Begehung der östlichen Höhe Zlaté návrší (1.411 m) (Goldene Anhöhe) ist aus Naturschutzgründen verboten. Als ebenso gut erweist sich der Rundblick von der niedrigen Gipfelkuppe **Vrbatovo návrší** (1.416 m) (Weidenanhöhe), die sich hinter der Baude erhebt.

🏞   Rechter Hand auf der Anhöhe bietet der Picknickplatz eine grandiosen Rückblick über das Riesengebirge: im Norden über Labský důl und die Sedmidolí auf den Hauptkamm bis zur Sněžka, nach Süden über den mittleren Teil mit den Kämmen Kozí hřeben und Pláň bis zur Černa hora. Nach Westen dagegen reicht der Blick am Kotel vorbei bis zum Ještěd bei Liberec.

⌘   Am Wegesrand ist das symbolische Grabmal dem berühmten tschechischen Skiläufer Bohumil Hanč und seinem Freund Václav Vrbata gewidmet. Sie

Die Goldhöhe

Während der im Norden gegenüberliegende Hauptkamm aus Granitgestein besteht, setzt sich der Bergrücken Krkonoš aus Phylliten und Glimmerschiefer zusammen. Auf den glänzenden Glimmerschiefer ist denn auch der Name "Goldhöhe" zurückzuführen. Nach Ansicht einiger Sagen befindet sich daher Rübezahls Schatzkammer hier im Berg. Angeblich soll die Höhle Krakonošova hlava (Rübezahls Höhle) - die unterhalb in den Felswänden des Labský důl liegt - der Eingang dazu sein.

Mit der ehemaligen bewegten Geschichte der Tschechischen Republik sind auch einige Betonbunker (einer kann im Sommer besichtigt werden) am Hang verbunden, die wie die Bergstraße als Verteidigungslinie im 1. Weltkrieg entstanden sind. Sie zerstreuen sich nicht nur über das gesamte Riesengebirge, sondern gammeln auch auf den benachbarten Höhen des Orlické hory (Adlergebirge), Jizerské hory (☞ Etappe 2) und Krušné hory vor sich hin.

Diese Linie verlief von Harrchov zu den Rýchory durch das ganze Riesengebirge. Zu ihr gehörten auch die Jestřábí boudy (Habichtsbauden) südlich unterhalb des Gipfels. Diese fünf Militärgebäude dienten dann den deutschen Polarforschern Herdemerten und Knöpsel als Basis. Weil die natürlichen Umstände der Gebirgskämme im Riesengebirge denen in Nordeuropa ähneln, gelang es ihnen, einige nordische Tiere anzusiedeln, vor allem den seltenen Wanderfalken. Die "Polarstation" auf dem Zlaté návrší erwarb sich in Forscherkreisen sogar einige Berühmtheit.

Die Station wurde im Zweiten Weltkrieg von der Spezialeinheit der deutschen Wehrmacht als Ausbildungszentrum für die Invasion in Nordeuropa genutzt. Zuletzt übernachteten Touristen in ihnen bis zum Abriß in den 80er Jahren des letzten Jahrhunderts.

erfroren am 24. März 1913 hier in der Nähe, während des internationalen Skiwettlaufes über 50 km in einem Schneesturm.

Nahebei kreuzen wir Gelb am Wegkreuz **Nad Kotelní Jámou** (1.406 m) (über den Kesselgruben) und wandern auf dem breiten Sandweg mit Rot die 500 m zu den **Harrachovy kameny** (1.421 m) (Harrachsteinen) hinüber. Die im Vergleich zu seinen Kollegen etwas bescheidene Felsformation klammert sich über den eiszeitlichen Karen der Kotelni jáma an die Bergkante.

An den Harrachovy kameny

Nach einem riskanten Blick hinab begeistert die wundervolle Weitsicht ins tschechische Gebirgsvorland Richtung Vrchlabí und Jilemnice. In umgedrehter Richtung fasziniert die rauhe Kargheit der Pančavská louka (Pantschewiese) und Labská louka, die den hochflächenartigen Zusammenschluß des breiter werdenden České hřeben mit dem Hauptkamm bedecken. Leider fällt der Blick auch auf den widersprüchlichen Betonkoloß der neuen Labská bouda - eine traurige architektonische Geschmacklosigkeit.

Nur vereinzelt wachsen windgebeutelte Latschenkiefern auf den weiten Borstgraswiesen. Aber die Pflanzenarmut trügt ein wenig auf den ersten Blick. Vor allem die Torfmoore in den Senken sind wahre Kleinode der Natur (☞ Land und Leute, Flora und Fauna). Wegen ihrer wertvollen Flora wurde das ganze Gebiet unter strengsten Naturschutz in der 1. Zone des Nationalparks gestellt - wie auch der alles überragende **Kotel** (1.435 m) (Kesselkoppe).

Entlang der Abbruchkante laufen wir sacht bergab genau auf die runde Bergpitze zu. An ihrem Fuße gelangen wir zum Wegdreieck **U Růženčiny zahrádky** (1.367 m) (bei Rübezahls Rosengarten), wo wir auf den alten Böhmischen Weg treffen (☞ Etappe 1, pramen Labe, ☞ Dvoračky)

🏔 Ein letztes Mal blicken wir zurück und verabschieden uns vom Anblick der Sněžka, die uns in den vergangenen Tagen fast ständig begleitet hat. Über den Mummelgrund hinweg zeigt sich eine schöne Aussicht auf den Hauptkamm mit Szrenica, Sokolník, Violík und Vysoké Kolo. An windstillen Tagen ist sogar das Rauschen der Mumlava zu hören.

In Richtung Dvoračky führt uns der rot markierte Sandweg leicht bergauf um den Nordhang des Kotels herum. Von Mai bis Juli überziehen Hunderte von Narzissenblütigen Windröschen die Abhänge. Die Relikte aus der Eiszeit sind gut an ihren spitzzulaufenden, weißen Blütenköpfe zu erkennen. In einer Höhe von 1.400 m streifen wir den geheimnisvollen Steinkreis **Růženčina zahrádka** (Rübezahls Rosengarten) (⌛ 1 ¼ Std.).

⌘ Rübezahls Rosengarten

Um den historischen Steinwall, der eine ellipsenförmige Fläche von 30 m Durchmesser umschließt, ranken sich verschiedene Theorien. Eine behauptet, daß Graf Harrach 1743 diese Stelle mit der Gräfin Rosa besucht hat. Ihr zu Ehren soll er dann den Wall errichtet und auch nach ihr benannt haben.

Eine andere Version geht davon aus, daß dieses steinerne Gebilde aus vorgeschichtlicher Zeit stammt. Es soll als heidnische Kultstätte des Lausitzer Volkes vor etwa 1.700 vor unserer Zeitrechnung in Gebrauch gewesen sein. Obwohl bei archäologischen Ausgrabungen interessante Funde gemacht wurden, konnte doch nichts genau belegt werden.

Eins ist jedenfalls klar. Der Name zahrádka - "Gärtchen" - meint hier keineswegs die Vielfalt der Flora der botanischen Gärtchen der Felskare (☞ Land und Leute, Flora und Fauna).

Wir bleiben auf dem breiten Hauptweg, der sacht bergab den **Kotelské sedlo** (1.326 m) (Kesselkoppensattel) quert und sich dann auf der Südseite der Lysá hora (1.344 m) (Kahlenberg) rasch absenkt.

🏔 Geradevor genießen wir einen herrlichen Ausblick auf die Stadt Rokytnice nad Jizerou (Rochlitz an der Iser), die sich im gleichnamigen Flußtal am Westrand des Riesengebirges erstreckt.

Noch zwei rasante Kehren und wir erreichen das Wege-T **Nad Dvoračkami** (1.155 m) an der Waldgrenze. Mit Rot und Grün wenden wir uns nach rechts zur nahen Bergbaude **Dvoračky** (1.140 m) (⌛ 1¾ Std.) (Hofbaude).

🛏 B   Horská chata Dvoračky, Horní Domky 2, 51245 Rokytnice nad Jizerou,
☎ 481 522 364-79, FAX 481 522 379, ✎ <dvoracky@rokytnice.com>,
💻 <www.rokytnice.com/dvoracky>, 🛏 ganzjährig von 9:00 bis 00:00, vom
28.04. bis 24.11. eine Übernachtung mit Frühstück Kč 300/Pers. (Kinder bis
10 Jahre Kč 220, bis 14 J. 240), Halbpension ab drei Tage Kč 260/Pers.
(Kinder Kč 200 bzw. 220).

✚   Horská služba stanice Dvoračky, ☎ 481 522 445.

☺   Neben leckeren Produkten aus der hauseigenen Bäckerei werden auch ausgezeichnete Bergspezialitäten serviert.

Die Hofbauden

Die Wiesenenklave besteht schon seit dem 17. Jh. - damals noch die Sahlenbacher Herrenhofbauden. An ihr führt der schon im 10. Jh. bekannte Böhmische Weg vorbei, der über Rokytnice nad Jizerou und die Labská louka nach Schlesien verlief. Am 19. September 1684 zog der Zug des Königgrätzer Bischofs Christoph von Talenburg auf ihm zur Elbwiese empor, um die Elbquelle zu weihen. Das Kamel, das das Gepäck des Bischofs trug, brach gerade an dieser Stelle zusammen.

Die gegenwärtige Hofbaude überlebte als einzige mehrere Brände und strahlt mit ihrem schönen Holzinterieur den typischen Baudencharme aus. 1921 gelangte der Gasthof im Zuge der Bodenreform in Staatshand und wurde an die tschechische Familie Puhonný verpachtet, die ihn später auch kaufte. Zu den bedeutendsten Gästen zählte der tschechische Präsident Eduard Beneš und seine Frau Hana. Beide liebten das Riesengebirge und haben sich hier häufig erholt.

🏔   Die Baude besitzt eine prachtvolle Weitsicht westwärts über Rokytnice nad Jizerou hinweg auf das Isergebirge, den Ještěd und auf das Böhmische Paradies mit den Gipfeln Zvičina und Žalý.

Auf der Rückseite der Baude folgen wir kurz der Fahrstraße und biegen etwa 100 m weiter nach rechts auf den grün markierten Wanderweg *Krakonošova cesta* (Rübezahlweg) ab. Teils zwischen Bergwiesen, teils durch Waldstreifen (Sitzbänke) quert der Weg unterhalb der Lysá hora vier Skipisten und schwingt sich gemächlich zur Wegespinne **Ručičky** (978 m) (2 Std.) (Wegweiser) oberhalb der Rochlitzer Ortschaft Hořerní Domky (Obere Häuser) hinab.

An der Wegespinne befinden sich eine mannshohe Rübezahlfigur, mehre Infotafeln vom Nationalpark über das Ökosystem Wald, eine Notschutzhütte und ein Kiosk.

♀   ◖ tägl. 10:00 bis 16:30.

Mit Blau halten wir uns nun an die Fahrstraße, die in westlicher Richtung als *Janova cesta* den bewaldeten Čertova pláň (974 m) (Teufelsebene) betritt. Der kleine Bergrücken gehört zum Zweigkamm der Čertova hora, der sich an die Lysá hora anlehnt. Im leichten Auf und Ab schlängelt sich die Fahrstraße über die Kammhöhe, beschreibt einen Bogen um die Ostseite der Kuppe Studená (989 m) (Kaltenberg) und erreicht den oberen Rand des Ortes **Studenov** (Kaltenberg). Die Wiesenenklave oberhalb von Rokytnice nad Jizerou ist im Winter ein beliebtes Skiareal mit mehreren Lift- und Abfahrtsmöglichkeiten.

An der Wegkreuzung **Studenov** (930m) (⊠ 2½ Std.) endet die Fahrstraße. Unsere blaue Route setzt sich westwärts auf einem sandigen Fahrweg fort. Ein Schlagbaum riegelt diesen ab. Hinter den letzten Häusern biegt Gelb linker Hand am Hang entlang ab, während Blau die nächste Höhe (999 m) erklimmt. Der Anstieg ist etwas steil, aber kurz. Dichter Fichtenwald säumt den Waldweg.

☹   Der Wald beschränkt auch ziemlich die Aussicht von den Felsen **Janova skála** (Johannesfelsen). Über die Baumwipfel hinweg läßt sich nur der oberste Rand des Hauptkammes erhaschen. Die aus scharfkantigen Glimmerschieferplatten aufgetürmte Felsformation ist zwar leicht zu erklettern, aber die 200 m hin und zurück vom Abzweig **U Janovy skály** (984 m) lohnen nicht unbedingt. Außer jemand sucht ein paar bequeme Bänke und Tische zum Rasten.

Schließlich kommen wir auf einen kleinen Sattel. An der Wegkreuzung knickt Blau nach Süden ab.

🖐 Wer zu Fuß nach Harrachov absteigen möchte, muß hier mit Blau mitgehen. Blau stößt ein Stück tiefer zu Grün. In westlicher Richtung läuft Grün unterhalb des Gipfels der Čertova hora entlang und stürzt sich dann abenteuerlich zwischen den Sprungschanzen hindurch nach Harrachov hinab.

Wir überqueren jedoch geradeaus den Sattel und kämpfen uns das letzte, kurze und steile Stück auf den Gipfel der **Čertova hora** (1.020 m) (3 Std.) (Teufelsberg) hinauf. Rechter Hand befindet sich die Bergstation des Sessellifts Čertova hora-Rýžoviště (nur im Winter in Betrieb).

🏠 Über die Skipiste auf dem Osthang blicken wir in die Tiefe auf die Ortschaft Rýžoviště (Seifenbach) hinab. Sie liegt zwar etwas abseits, ist aber dennoch ein Ortsteil von Harrachov. Der Name verrät die frühere Tätigkeit der Bewohner. Im Tal des Ryzí potok (Seifenbach) wurden damals durch auswaschen - was als "ausseifen" bezeichnet wird - Erze und Gold gewonnen. Die Goldwäscher arbeiteten dabei auf sogenannten "Seifenflößen". Weiter nach Norden begrenzt der Hauptkamm um die Szrenica den Horizont.

Die Ausschilderung "Buffet" weist auf den Kiosk oberhalb des Nordhangs hin. Dort treffen wir auch auf die Bergstation des Sessellifts Čertova hora-Harrachov.

🍴   ☞ Etappe 1, Harrachov.
⏳   🕐 tägl. 10:00 bis 16:00

☺ Die spektakuläre Fahrt mit dem Sessellift hinab nach Harrachov sollte auf keinen Fall verpaßt werden. Mit beeindruckender Aussicht auf Harrachov schweben wir direkt an den berühmten Sprungschanzen vorbei zu Tale.

Index

Index

Buchtip

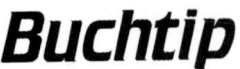

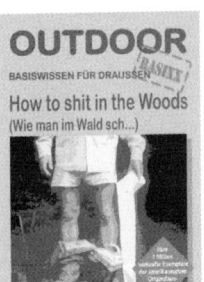

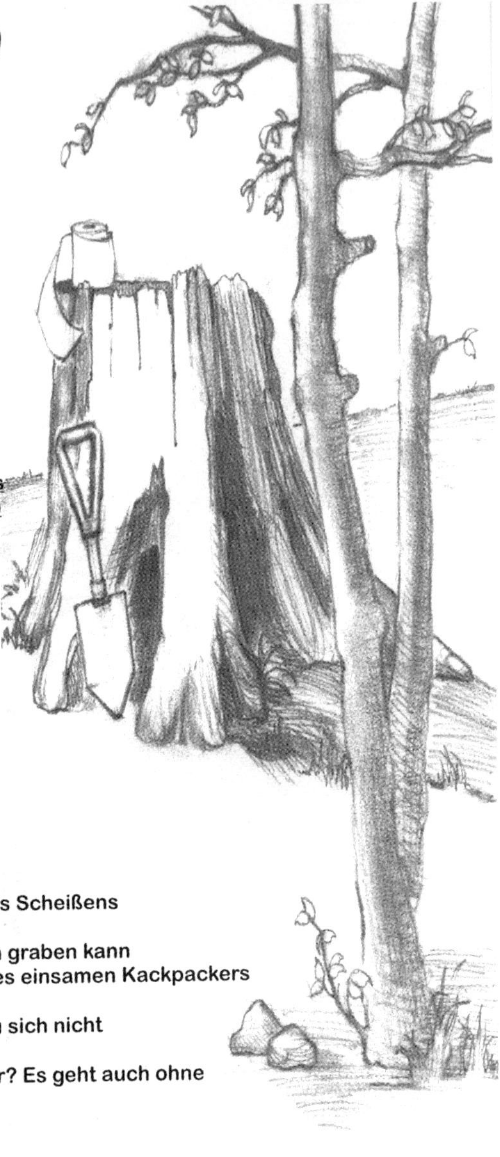

Kathleen Meyer
How to shit in the Woods
(Wie man im Wald sch...)
OutdoorHandbuch
(Band 103)
Conrad Stein Verlag
119 Seiten
51 s/w Abbildungen
ISBN 3-89392-503-1

- ▷ Einleitung
- ▷ Die Wissenschaft des Scheißens
- ▷ Das Loch graben
- ▷ Wenn man kein Loch graben kann
- ▷ Die mißliche Lage des einsamen Kackpackers
- ▷ Montezumas Rache
- ▷ Nur für sie - Wie frau sich nicht in die Stiefel pinkelt
- ▷ Was? Kein Klopapier? Es geht auch ohne
- ▷ Nachwort
- ▷ Glossar

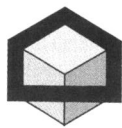

TREKKING „MAHLZEITEN" ®

F. Schultheiss
Postfach 2430
D-64533 Mörfelden-
Walldorf
Tel. (06105) 456789
Fax (06105) 45877
www.trekking-mahlzeiten.de

Alle Bücher aus dem Conrad Stein Verlag

OutdoorHandbücher
Basiswissen für Draussen

OutdoorHandbücher
Der Weg ist das Ziel

62	Irland: Kerry Way	10,90
63	Schweden: Dalsland-Kanal	12,90
64	England: Pennine Way	12,90
66	Alaska Highway	12,90
71	N-Spanien: Jakobsweg-Küstenweg	12,90
74	Nordirland: Coastal Ulster Way	10,90
76	Pfälzerwald-Vogesen-Weg	10,90
78	Polen: Pisa-Narew (Kanuroute)	9,90
79	Bolivien: Choro Trail	10,90
80	Peru: Inka Trail u. Region Cusco	10,90
81	Chile: Torres del Paine	12,90
82	Norwegen: Jotunheimen	12,90
83	Neuseeland: Stewart Island	9,90
84	USA: Route 66	10,90
85	Finnland: Bärenrunde	9,90
87	Montblanc-Rundweg - TMB	9,90
88	Griechenland: Trans-Kreta	9,90
89	Schweden: Skåneleden	9,90
90	Mallorca: Serra de Tramuntana	9,90
91	Italien: Trans-Apennin	9,90
92	England: Themse-Ring	9,90
93	Spanien: Sierra Nevada	12,90
95	Norwegen: Nordkap-Route	12,90
96	Polen: Czarna Hancza/Biebrza-Kanu	9,90
98	Wales: Offa's Dyke Path	9,90
107	GR 5: Genfer See - Nizza	12,90
109	Mecklenburgische Seenplatte	9,90
112	Norwegen: Telemark-Kanal	9,90
113	Thüringen: Rennsteig	9,90
114	Alpen: Dreiländerweg (CH-A-I)	9,90
115	Tschechien: Freundschaftsweg	9,90
116	Spanien: Jakobsweg - Via de la Plata	12,90
117	Schweiz: Jakobsweg	9,90
118	Rund Australien	14,90
119	Schwäb. Alb: Hauptwanderweg	12,90
121	Italien: Dolomiten-Rundweg	9,90
122	Schwarzwald-Jura-Weg	9,90
127	Uganda: Ruwenzori-Wanderungen (04)	12,90
128	Frankreich: Jakobsweg v. Le Puy...	12,90
132	Dem Kommissar auf der Spur - ein lit. Reiseführer zu Kriminalschauplätzen.	12,90
133	NRW: Natur und KulTour	9,90
134	Deutschland: Vorpommern Radtour durch die Nationalparks	9,90
135	Deutschland: Schleswig-Holstein Tour	9,90
136	Schweiz: Matterhorn Tour du Cervin	9,90

OutdoorHandbücher
Fernweh-Schmöker

Band		€
46	Blockhüttentagebuch (R. Höh)	12,90
47	Floßfahrt nach Alaska (R. Höh)	10,90
75	Auf nach Down Under (Australien)	7,90
105	Südsee-Trauminsel (Tom Neale)	9,90
110	Huskygesang - Hundeschlittenfahrten	7,90
111	Liebe - Schnaps - Tod (Thailand)	7,90
123	Pacific Crest Trail (USA)	9,90
124	Zwei Greenhorns in Alaska	7,90
125	Auf dem Weg zu Jakob	9,90
126	Kilimanjaro-Lesebuch	7,90
130	1000 Tage Wohnmobil - Weltreise...	9,90

ReiseHandbücher

	€
Äthiopien	22,90
Antarktis	24,90
Grönland	14,90
Iran	22,90
Kanarische Inseln	14,90
Kiel	9,90
Kiel von oben - Luftbildband	24,90
Kurs Nord	24,90
Libyen	22,90
Neuseeland-Handbuch	18,90
Phuket & Ko Samui	14,90
Reisen mit Hund	9,90
Rumänien	14,90
Schweiz	18,90
Sibirien	22,90
Slowakei	14,90
Spitzbergen-Handbuch	22,90
Tansania / Sansibar	19,90

Fremdsprech

Band		€
1	Oh, dieses Dänisch	4,90
2	Oh, dieses Schwedisch	4,90
3	Oh, dieses Spanisch	4,90
4	Oh, dieses Englisch	4,90
5	Oh, dieses Französisch	4,90
6	Oh, dieses Russisch	4,90

☺ **Weitere Bände in Vorbereitung.
Fordern Sie unseren
aktuellen Verlagsprospekt an.**

280503